GERRITJE KRIEGER

# Die Mops Monologe 2

## Buch

Die freie Journalistin und Autorin Gerritje Krieger und Eddie, der Mops, fanden 2010 in einem Tierheim im Bergischen Land zueinander. Gerritje hatte eigentlich nach einem mittelgroßen Mischlingshund Ausschau gehalten, Eddie nach einem Frauchen, das seine Antipathie gegenüber Katzen teilt. Als sie einander begegneten, war es dennoch Liebe auf den ersten Blick. Seither leben sie – zusammen mit Gerritjes Mann und der 22-jährigen Katze – in ihrem verwunschenen Häuschen mitten im Grünen, wo Gerritje inzwischen von Eddie die mopsige Gelassenheit, Eddie dafür von Gerritje die Liebe zum Schreiben übernommen hat. Seit Sommer 2012 diktiert er ihr wöchentlich seine Gedanken zum Weltgeschehen, die jeweils freitags auf ihrer Homepage veröffentlicht werden. Inzwischen hat „Eddie's Weekly – hundsgemein(t)e Mopskolumnen" ungezählte Leser gefunden, und auch auf Facebook und Twitter unterrichtet Eddie seine Freunde jeden Tag über seine Abenteuer. Nach dem großen Erfolg von „Die Mops Monologe", liegen nun mit „Die Mops Monologe 2" weitere 30 Folgen seiner Kolumne als Buch vor.

**Eddie Mops im Internet**

www. facebook.com/EddiesWeekly.Mopskolumnen

www.twitter.com/EddieMops

www.gerritjekrieger.jimdo.com

Gerritje Krieger

# DIE MOPS MONOLOGE 2

30 neue Kolumnen

mit

Eddie, dem Mops

Die Mops Monologe 2
Gerritje Krieger

Taschenbuchausgabe
Erste Auflage, Oktober 2013

Covergestaltung: Gerritje Krieger


Hinweis: Die Inhalte dieses Buchs sind grundsätzlich satirischer Natur und keinesfalls als Ratschläge oder Handlungsempfehlungen zu sehen.

Kontakt:
E-Mail: gerritje71@googlemail.com
Homepage: www.gerritjekrieger.jimdo.com

ISBN-13: 978-1492838418
ISBN-10: 1492838411

## Inhaltsverzeichnis

# Vorwort

*Tag auch.*
*Falls Sie mich schon kennen, dürfen Sie die nächsten vier Seiten überspringen. Doch, ehrlich – vertrauen Sie mir. Blättern Sie einfach dreimal um, zum ersten Kapitel.*
*Für die, die keine Ahnung haben, wer ich bin, kommt hier meine allererste Mopskolumne. Immerhin gebietet es die Höflichkeit, dass man seinen Lesern erst mal erzählt, mit wem sie es zu tun haben, oder? – Na, eben.*
*Also: Los geht's.*

Tag auch.

Ich denke, ich stelle mich Ihnen erst mal vor. Mein Name ist Eddie. Ich hab noch ein paar andere Namen, die mit einer Menge blauem Blut und "von" und "zu" und so zu tun haben, aber ich bin da nicht pingelig: Sie können mich ruhig duzen. Macht ja sonst auch jeder.

Wie Ihnen aufgefallen ist, bin ich ein waschechter Mops und verfüge dadurch über die bisweilen ausgesprochen nützliche Fähigkeit, wildfremde Frauen allein durch meinen Anblick binnen Sekunden zu Teenagern mutieren zu lassen und ihnen verzückte "Aaaah"-, "Ooooh"- und "Bist du süüüß"-Laute zu entlocken, als wäre ich Justin Bieber oder einer der Typen von Tokio Hotel. Ich persönlich finde das meistens ganz lustig. Ganz ehrlich: Wer will es ihnen denn auch verübeln, ich bin eben einfach ein saucooler Typ.

Frauchen dagegen ist wenig begeistert davon, dass sie seit meinem Einzug keine 20 Meter mehr in der Fußgängerzone zurücklegen kann, ohne dass wildfremde Menschen vor uns in die Hocke gehen und mich überschwänglich begrüßen und herzen. Mal unter uns: Ich habe die starke Vermutung, dass sie einfach nur neidisch ist. Aber das gehört jetzt nicht hierher.

Jedenfalls kam sie neulich auf die glorreiche Idee, ich könne für mein in der Tat nicht ganz günstiges Hundefutter ruhig ein bisschen Einsatz zeigen. Tja, und hier bin ich nun. Wie gesagt: Tag auch.

Selbstverständlich schreibe ich diese Zeilen nicht selbst, aber das können Sie sich vermutlich denken. Ich habe es versucht, ehrlich, aber meine Feinmotorik ist wirklich nicht die beste, und bei meinem wilden Getapse auf der Tastatur kam nur unleserlicher Kram raus, den ich Ihnen lieber erspare. Also diktiere ich meine geistigen Ergüsse ab sofort Frauchen, die diesen kreativen Prozess selbst wohl etwas anders darstellen würde.

“Ich bin doch nicht deine Tippse”, würde sie vermutlich sagen und genervt die Augen gen Himmel verdrehen. Aber es ist nun mal, wie es ist, und ich finde ja, man muss zu seinen Lesern grundsätzlich ehrlich sein. Ich meine, wie sollen Sie denn Vertrauen zu mir aufbauen, wenn ich Ihnen gleich am Anfang eine faustdicke Lüge auftische? – Na, eben. Also: Ich diktiere, sie schreibt. Und wenn sie sich auf den Kopf stellt.

Womit wir auch schon bei einem für mich zentralen Thema wären: Die Machtverhältnisse bei uns zu Hause sind noch immer nicht völlig geklärt. Obwohl ich jetzt schon seit zwei Jahren bei ihr wohne und sie täglich vom Gegenteil überzeuge, hält

Frauchen an der abwegigen Theorie fest, dass sie unter uns beiden der Chef sei. Ich gebe Ihnen mal ein Beispiel, damit Sie sich ein besseres Bild von der Lage machen können. Ich springe aufs Bett, mache es mir zwischen den Decken bequem und halte selig ein Schläfchen. Sie kommt rein, setzt eine strenge Miene auf, zeigt dann mit dem Zeigefinger auf den Boden und sagt: "Runter!" – Ich werfe ihr einen herablassenden Blick zu, der so viel heißt wie: „Pfff."

Interessiert sie aber nicht. Sie bringt es fertig, fünf Minuten vorm Bett zu stehen und 20 Mal "Runter!" zu sagen, bis ich ihr den Gefallen tue – nur um zwei Minuten später wieder hochzuhüpfen. Ganz unter uns: Wo liegt da der Sinn? Wirklich, ich muss ihr noch beibringen, mich nicht ständig zu nerven.

Frauchen hat übrigens auch einen Mann, der bedeutend klüger ist als sie, weil er innerhalb weniger Tage nach meinem Einzug kapiert hat, dass ich von uns beiden den stärkeren Willen habe. Seither lässt er mich gewähren, was ihm immer wieder Ärger mit Frauchen einbringt. Ich rechne jeden Tag damit, dass sie ihn irgendwann zur Strafe auch vom Bett schmeißt.

Die einzige wirklich ernstzunehmende Autorität im Haus – außer mir, versteht sich – ist die Katze. Sie ist steinalt, ungefähr 200 oder so, und man sollte meinen, sie segne langsam mal das Zeitliche. Macht sie aber nicht. Stattdessen führt sie sich auf wie höchstens fünf und findet es ungeheuer spaßig, sich mindestens einmal pro Tag an mich heranzupirschen, auf mich zu springen und ihre Krallen in meinem Mops sei Dank dicken Fell zu versenken. Ich sage es Ihnen ehrlich, wie es ist: Katzen sind durch und durch bescheuert.

Mehr nächste Woche.

Mit mopsigen Grüßen,

*Ihr Eddie*

## 1. Ich war's nicht!

Tag auch.

Ehrlich, in so einem Hundeleben geht es manchmal ganz schön ungerecht zu. Am Anfang dachte ich ja noch, es sei völlig normal, dass bei so ziemlich allem, was hier im Haus irgendwie schiefgeht, grundsätzlich ich als Allererster vorwurfsvolle Blicke ernte.

In letzter Zeit allerdings häufen sich die Gelegenheiten, bei denen mir die Schuld in die nicht vorhandenen Schuhe geschoben wird, bevor die Rechtslage überhaupt eindeutig geklärt ist. – Neulich, zum Beispiel: Sonntag, Kaffeetrinken. Nachdem die versammelte Mannschaft ihren Kuchen genossen hatte – wohlgemerkt, ohne mir auch nur das kleinste Krümelchen abzugeben –, stand auf dem Wohnzimmertisch noch ein Schälchen mit einem wirklich winzigen, eigentlich kaum erwähnenswerten Rest Sahne. Frauchen und Herrchen machten sich also daran, das Geschirr abzuräumen und zu spülen. Und als sie Minuten später ins Wohnzimmer zurückkehrten, war das Sahne-Schälchen auf mysteriöse Weise leer.

Und nun raten Sie mal, wer dafür verantwortlich gemacht wurde? – Genau, ich hier. Für Frauchen und Herrchen war das eine glasklare Angelegenheit. Wenn Sahne verschwindet, kann offenbar nur der Mops dafür zuständig sein – keinen Schimmer, wieso.

Bei der Gelegenheit fiel mir ein, dass es einen ähnlichen Vorfall schon im vergangenen Herbst gegeben hatte – diesmal mit einer Schüssel, in der sich noch die Überreste einer süßen Quarkspeise befanden und die urplötzlich, wie durch Zauberhand, absolut leer und sauber war. Und auf wen wurde mit dem Finger gezeigt? – Natürlich wiederum auf mich. Eine Riesen-Gemeinheit, wenn Sie mich fragen.

Und dabei ist Essen, das sich völlig unerklärlich in Luft auflöst, noch nicht mal der einzige Bereich, bei dem ohne viel Federlesens ich beschuldigt werde: Fast immer, wenn hier im Haus irgendwas falsch läuft, spüre ich diese kritischen Blicke von Frauchen und Herrchen auf mir. Völlig egal, ob mal wieder eine Socke unauffindbar ist, ob Frauchens Gartenschuhe sich selbstständig gemacht haben oder ob eine Klo- oder Küchenrolle auf wundersame Weise explodiert ist – im Zweifel sind sich hier alle einig: Es kann nur Eddie gewesen sein.

Dabei ist die Beweisführung bei jedem einzelnen dieser Vorfälle total lückenhaft, wenn überhaupt vorhanden: Ohne Augenzeugenberichte oder vorherige Untersuchung des Tatorts auf mögliche Pfotenabdrücke werden Schuldzuweisungen ausgesprochen und harmlose Möpse als Täter abgestempelt.

Dabei wäre es ja zumindest theoretisch möglich, dass für jede der zahlreichen Taten, die mir bereits vorgeworfen wurden, in Wahrheit andere verantwortlich waren. Erstens bin ich hier im Haus schließlich nicht der einzige Vierbeiner. Wie Sie wissen, lebt unter unserem Dach auch noch Frau Kratzbürste. Und bekanntlich hat im Winter auch schon mal eine Maus bei uns Unterschlupf gesucht.

Wer also sagt denn, dass nicht eine von denen hinter diesen unerklärlichen Vorfällen steckt? Immerhin könnte ja auch Frau Katze beispielsweise auf den Tisch gehüpft sein, um die Sahne auszuschlecken. Und wer weiß schon, ob es Frau Maus zwischendurch in ihrer Winter-Residenz nicht einfach ein bisschen kühl wurde, so dass sie sich ein Paar Socken stibitzt hat, um ihre Behausung zu dämmen? Mal ganz zu schweigen davon, dass wir in einem über 300 Jahre alten Haus leben, wo es ohne weiteres spuken könnte?!

Gut, man muss zugeben, dass es hin und wieder zu Situationen kommt, die – auf den ersten, flüchtigen Blick – kein richtig gutes Licht auf mich werfen. Zum Beispiel entstanden im nahen zeitlichen Zusammenhang sowohl mit dem Sahne- als auch mit dem Quarkspeisen-Vorfall Fotos von mir, auf denen ich jeweils verdächtig große Mengen einer, sagen wir mal, unidentifizierbaren weißen Masse im Gesicht hatte.

Sicher, das mag im ersten Moment irgendwie verdächtig wirken. Aber bitte: Wer will denn beweisen, dass es sich bei dem Zeug in meinem Gesicht um Sahne bzw. Quarkspeise handelte? Immerhin wäre es auch denkbar, dass ich an den in Frage stehenden Tagen gerade eben von einem Aufenthalt auf einer Mops-Wellnessfarm zurückgekehrt war, wo das Personal im Eifer des Gefechts vergessen hatte, die letzten Überreste der Feuchtigkeitsmaske aus meinem Gesicht zu entfernen, oder?

Und auch wenn in meinem Körbchen manchmal vereinzelte Socken oder ein Gartenschuh auftauchen – muss das automatisch heißen, dass ich die da reingelegt habe? Theoretisch könnte das schließlich jeder gewesen sein, oder? Möglicherweise sogar Frauchen oder Herrchen selbst. Schließlich, man möge mir verzeihen, werden die beiden auch nicht jünger und sind dann und wann ein bisschen vergesslich.

Was da für manche also nach einer absolut eindeutigen Beweislage aussieht, sind doch im Endeffekt höchstens Indizien. Sicher, ich *könnte* es gewesen sein. Aber eindeutig belegen lässt sich aufgrund einer solchen Rechtslage gar nichts.

Nun wäre das alles ja weniger schlimm, wenn es nur mich betreffen würde – ich bin ja ein gutmütiger Typ und lasse mir so ziemlich jeden Schabernack gefallen. In letzter Zeit allerdings musste ich entsetzt feststellen, dass nahezu sämtliche meiner vierpfotigen Freunde sich mit ähnlich unbegründeten Vorwürfen rumschlagen müssen. Wo immer auch Schnitzel auf seltsame Weise verschwinden oder ein Schuh plötzlich unauffindbar ist: Wir Hunde müssen als Schuldige herhalten.

Also ehrlich, so geht es nicht. Wenn Sie mich fragen, wird es höchste Zeit, dass damit endlich Schluss ist. Ganz im Ernst: Mit der Allgemeinen Erklärung der Mopsrechte sind solche fiesen Beschuldigungen ganz sicher nicht in Einklang zu bringen. Und schließlich muss auch für uns Hunde der Grundsatz „Im Zweifel für den Angeklagten“ gelten.

Ich für meinen Teil habe mir jedenfalls überlegt, dass ich künftig härter auf meine Rechte pochen werde. Bloß wegen so ein paar weißer Sprenkel ungeklärter Herkunft in meinem Gesicht lasse ich mir noch lange keinen Sahne-Diebstahl vorwerfen. Und nur, damit das klar ist: Was das Paar Wiener Würstchen angeht, das Herrchen sich vorhin auf einem Teller auf dem Wohnzimmertisch zurechtgestellt hatte und das nun auf Nimmerwiedersehen verschwunden ist, verweigere ich jede Aussage.

Mehr nächste Woche.

Mit mopsigen Grüßen,

*Ihr Eddie*

## 2. Der Frühling, der keiner sein will

Tag auch.

Ernsthaft, ich hab nichts gegen Winter. Zugegeben: Ich stehe nicht besonders auf nasse Pfoten. Und ich kann auch diesem stundenlangen Gehopse durch meterhohe Schneemassen nichts abgewinnen, auch wenn andere Hunde total darauf abfahren. Aber gut, liegt vielleicht auch in der Natur der Dinge: Bei gerade 32 Zentimetern Schulterhöhe kriege ich schließlich schon Frostbeulen an intimen Körperstellen, wenn Ihnen die weiße Pracht gerade bis zu den Knöcheln reicht.

Dennoch: Winter an sich muss nichts Schlechtes sein. Immerhin gibt es eine ganze Menge toller Sachen nur zur kalten Jahreszeit. Weihnachten, zum Beispiel. Wärmflaschen. Knisternde Kaminfeuer. Wohlig-warme Fußbodenheizungen. Und bergeweise kuschelige Decken.

Auch anzusehen ist das Ganze meistens recht nett – jedenfalls von drinnen. Okay, der Eindruck, dass die gesamte Landschaft von flauschig-weicher Watte bedeckt sei, relativiert sich ziemlich schnell, wenn man als Mops – wohlgemerkt, barfuß – *in* dieser Landschaft steht. Trotzdem: Ich sitze gern mal an Winterabenden im Wohnzimmer vor der Terrassentür und schaue verträumt den dicken Flocken dabei zu, wie sie sich über Wiesen und Felder legen. Wie gesagt: Ich hab nichts gegen ein bisschen Winter.

Was mir allerdings total auf den Senkel geht, ist dieses unsägliche Wetter-Hin-und-Her, von dem wir hier in den letzten Wochen heimgesucht werden. Wenn ich nämlich auf irgendwas richtig stehe, dann ist das Frühling. Ich weiß nicht, ob Sie sich noch erinnern, was das eigentlich ist, schließlich haben wir hierzulande seit Ewigkeiten nichts mehr davon gesehen. Aber normalerweise ist Frühling diese wunderbare Zeit, wo die ersten bunten Blüten ihre Köpfe durch die Erde stecken, Bienen fröhlich durch die Gegend summen, Vögel mit dem Nestbau loslegen und man als Mops stundenlang im Sonnenschein auf der Terrasse liegen kann.

Wie gesagt: normalerweise.

In diesem „Frühling" dagegen ist nichts, wie es sein soll. Nun könnte man argumentieren, dass der Frühling offiziell ja erst vor ein paar Tagen begonnen hat, was aber so nicht stimmt. „Meteorologisch" ist nämlich schon seit Wochen Frühling. Und „meteorologisch" hat irgendwas mit Wetter zu tun, hab ich mir sagen lassen – also heißt das, dass man seither eigentlich Frühlingswetter erwarten dürfte.

Hatten wir auch – sogar schon einige Male. Bereits mehrfach wurde ich draußen, gleich nach dem Aufstehen, von fröhlichen Sonnenstrahlen begrüßt, die mich in der Nase kitzelten und wohlige Vorfreude auf die kommenden Wochen in mir entfachten. Also tat ich, was ich immer tue, wenn es Frühling wird: Ich orderte bei Frauchen einen Wassernapf für die Terrasse, schnappte mir meine Lieblings-Outdoor-Spielzeuge und machte es mir auf dem Liegestuhl bequem. Wäre ich dazu imstande, ich schwöre, ich hätte ein fröhliches Liedchen gepfiffen.

Der Frühling allerdings ist dieses Jahr zu echt uncoolen Scherzen aufgelegt. Jedes Mal, wenn ich auch nur ganz kurz nicht hingucke – zum Beispiel, weil ich nachts mal für ein paar Stunden die Augen zumache –, ist er auch schon wieder verschwunden. Neulich etwa bereitete ich mich gerade auf den zweiten Tag auf der Terrasse vor. Und was sahen meine Augen, als ich vor die Tür trat: Schnee. Massen davon. Auf meinem Liegestuhl, meiner Veranda und auch sonst überall.

Als das das erste Mal passierte, dachte ich noch: Naja, kann ja mal vorkommen. Der März ist ja noch jung. Der übt vielleicht noch.

Inzwischen allerdings kann ich die Gelegenheiten, bei denen ich fröhlich den Frühlingsanfang ausrief, nur um am nächsten Morgen von frostigen Temperaturen und Eiszapfen attackiert zu werden, gar nicht mehr zählen.

Ehrlich: So langsam fühle ich mich von diesem Frühling komplett veräppelt. Und nicht nur ich. Egal, wo ich hinkomme: Die Leute haben die Nase voll von dem ewigen Hin und Her. Und allesamt schlechte Laune. In der Zoohandlung beispielsweise, wo ich sonst persönlich begrüßt werde, erntete ich vergangene Woche bloß ein müdes „Hallo“. Und die Leckerchen, mit denen die mich da normalerweise großzügig versorgen, fielen auch flach. Auch der Postbote, der mir regelmäßig meine Pakete bringt und immer ein paar nette Worte für mich parat hat, war diese Woche total einsilbig und würdigte mich kaum eines Blicks. – Kein Wunder, wenn er bei dem Wetter die ganze Zeit durch die Kälte stapfen darf.

Was aus Ostern werden soll, weiß ich auch nicht. Eigentlich müsste der Osterhase aktuell ja schon überall unterwegs sein und die Ostereier verstecken – schließlich schafft der Millionen von Gärten nicht an einem einzigen Tag. Aber sagen wir es doch offen, wie es ist: Wenn der Osterhase auch nur halbwegs sauber tickt, haut der sich doch bei dem Wetter vor den Kamin und isst seine Ostereier selbst, oder? Ich jedenfalls würde bei den Temperaturen streiken, Ostern hin oder her.

Und wer ist schuld an dem ganzen Schlamassel? Genau: der Frühling, der keiner sein will.

Ich habe jetzt die Nase voll davon. Gestern hab ich mit meinem Mopskumpel Otto schon überlegt, ob wir vielleicht einfach in sonnigere Gefilde auswandern sollten – aber Frauchen sagt, wir haben ja hier das Haus und Herrchens Friseurgeschäft. Wird also vorläufig nix. Klar ist aber, es muss was geschehen – so kann es jedenfalls nicht weitergehen.

Vielleicht starte ich demnächst einfach mal eine Petition und sammle Unterschriften für besseres Wetter – ich wette, da machen sofort eine Menge Leute mit, und der Frühling hätte dann mal schwarz auf weiß, dass er sich so jedenfalls keine Freunde macht. Alternativ hab ich mir überlegt, dass wir vielleicht diese ominöse Frau Holle mal besuchen sollten. Ich weiß nicht, was die alte Dame sich eigentlich so denkt – aber mal ernsthaft: Wie lange kann denn ein Mensch so ein paar olle Kissen ausschütteln? – Wenn Sie mich fragen, braucht die dringend einen Urlaub in der Karibik, damit sie endlich mal sieht, dass es im Leben noch was anderes gibt als Minusgrade und weiße Landschaften.

Also: Falls jemand die Adresse von Frau Holle haben sollte, bitte ich um Zuschrift. Und sollte ich Frauchen dazu überredet bekommen, für mich so eine Petition für besseres Wetter aufzusetzen, erwarte ich natürlich, dass alle die unterzeichnen. Wir müssten dann nur noch überlegen, wo wir die Unterschriftenliste einreichen – Frau Holle, Petrus, mir völlig egal. Irgendwer *muss* ja zuständig sein für diesen Schlamassel.

Und ehrlich: Wer auch immer das sein mag – wenn ich ihn erwische, kriegt er von mir ordentlich was zu hören.

Mehr nächste Woche.

Mit mopsigen Grüßen,

Ihr Eddie

## 3. Friedensverhandlungen mit dem Osterhasen

Tag auch.

Ostern steht vor der Tür, und ich sag's mal so: Als Mops lege ich da nicht *so* gesteigerten Wert drauf. Klar, es hat schon seine Vorteile – allem voran den, dass Herrchen und Frauchen ein paar Tage frei haben und das ganze Rudel fröhlich vereint ist.

Alles andere an Ostern finde ich allerdings nicht sonderlich aufsehenerregend. Nehmen wir zum Beispiel mal diese Sache mit den Eiern – da machen zu Ostern ja alle ein riesiges Theater drum. Mir hat das, offen gestanden, noch nie richtig eingeleuchtet. Ich meine: Ich weiß ja nicht, wie das bei Ihnen ist. Aber bei uns sind Eier eigentlich den größten Teil des Jahres im Kühlschrank zu finden. Gut, Eier an sich sind jetzt keine schlechte Sache: Man kann sie kochen oder braten oder leckere Kekse damit backen, und manchmal kriege ich sogar was davon ab, wenn Herrchen oder Frauchen welche essen. Trotzdem: Wer meine Mops-Augen zum Glänzen bringen will, der muss mir schon mit was anderem kommen als mit einem schnöden Ei.

Auch die Nummer mit dem Süßkram ist für mich als Mops kein Grund zum Tanzen und Jubilieren. Tatsache ist doch: Wir Hunde kommen bei der üblichen Osternest-Ausstattung viel zu kurz. Wieso? – Na, weil alles, was im Osternest nicht Ei ist, entweder was mit Schokolade oder mit Alkohol zu tun hat – beides Sachen, die für uns Hunde verboten sind. Ginge es nach dem Osterhasen, könnten wir

Vierbeiner zu Ostern also nur zuschauen, wie unsere Menschen sich eine Leckerei nach der anderen schmecken lassen, während wir selbst in die Röhre gucken.

Da ist mir der Weihnachtsmann schon wesentlich lieber. Wenn Sie mich fragen, ist der nämlich ein rundum rücksichtsvoller und freundlicher Zeitgenosse. Ich habe noch nie erlebt, dass der Weihnachtsmann an Heiligabend die Geschenke für die Hunde vergessen hätte. Und was noch viel besser ist: Er fragt vor den Feiertagen sogar jeden einzelnen Zwei- und Vierbeiner auf der Welt, was er haben will. Jeden! Das müssen Sie sich mal vorstellen! Schon Monate vor Weihnachten sitzt der also da und liest sich Milliarden Wunschzettel durch! Und wenn er damit fertig ist, dann geht er all die vielen Geschenke extra besorgen und liefert sie auch noch höchstpersönlich aus – und das pünktlich und zuverlässig. Also, das nenne ich mal Service!

Im Vergleich damit kommt der Osterhase echt schlecht weg. Bei dem können Sie Wunschzettel schreiben, bis Sie schwarz werden – dem ist das völlig schnuppe. Der bringt Eier und Schokoladenkram. Und das Jahr für Jahr. Punkt. Sehr kreativ ist das nun auch nicht, oder?

Aber wie Sie ja wissen, bin ich kein Mops, der vorschnell urteilt. Ich hab mir also mal überlegt, wieso der Osterhase uns Hunde bei der Osternest-Ausstattung nicht auf dem Schirm zu haben scheint. Und ich glaube, ich bin dem Rätsel auf die Spur gekommen. Frauchen meinte, dass es manche Hunde gibt, die den Geschwistern und Freunden vom

Osterhasen – also den Wildhasen und -kaninchen – schon mal hinterherjagen oder ihnen sogar in den Hintern beißen. Ich meine: Ich persönlich mache so was ja nicht, weil ich grundsätzlich alle Tiere mag – von Zecken vielleicht mal abgesehen. Aber ich kann nachvollziehen, dass der Osterhase deshalb auf uns Hunde nicht gut zu sprechen ist.

Immerhin: Wenn schon nicht auf den Osterhasen, so ist zumindest auf Frauchen und Oma Verlass. Die nämlich haben eingesehen, dass Ostern für uns Hunde nicht flachfallen darf, bloß weil der Osterhase uns nicht leiden kann. Deshalb springen sie regelmäßig als Ersatz-Osterhasen ein und sorgen dafür, dass bei der Sache auch für mich was rausspringt. Letztes Jahr, zum Beispiel, haben wir eine spannende Leckerchen-Suche im Garten veranstaltet – alternativ zum Eier-Aufspüren. Und ein Spielzeug und einen neuen Kauknochen hab ich zu Ostern auch bekommen. Also, alles paletti.

Was den Osterhasen angeht, hab ich mir allerdings überlegt, dass es vielleicht mal Zeit für eine Art Friedensvertrag oder einen Waffenstillstand zwischen ihm und uns Hunden wäre. Ich bin überzeugt, wenn sämtliche meiner vierbeinigen Kollegen sich darauf einigten, nie wieder einen Hasen in den Hintern zu beißen, wäre der Osterhase zu Verhandlungen bereit.

Also, Hundekumpels: Auch wenn es einigen von uns in den Genen liegt, allem hinterherzujagen, was nicht bei Drei im Gebüsch ist – es ist Zeit, umzudenken. Falls einer von euch da draußen dem Osterhasen oder einem seiner Familienmitglieder über den Weg laufen sollte, schwenkt doch einfach mal ein weißes Taschentuch und setzt ein freundliches Lächeln auf. Und vielleicht, ganz vielleicht, versteckt er dann nächstes Mal außer Eiern auch noch ein paar schöne Würstchen für uns im Garten.

In diesem Sinne: Frohe Ostern!

Mehr nächste Woche.

Mit mopsigen Grüßen,

Ihr Eddie

Tag auch.

Hach, Frühling ist was Wunderbares, oder? Naja, gut: So richtig in die Gänge gekommen ist er bis jetzt noch nicht, und über die Nummer mit dem Schnee kurz vor Ostern wollen wir mal den gnädigen Mantel des Schweigens ausbreiten. Aber immerhin: Die Sonne lässt sich bei uns jetzt schon öfter blicken, auch wenn es immer noch ziemlich kalt ist, und in den nächsten Wochen, sagt der Wetterbericht, soll es langsam wärmer werden. Seit neulich alle die Uhren umgestellt haben, ist es auch endlich bis abends hell. Eigentlich seltsam, dass die Zweibeiner diese Uhren-Sache nicht viel öfter machen, oder? Ich meine: Wenn das doch mit ein bisschen Am-Zeiger-Drehen getan ist, wieso hocken dann im Winter alle freiwillig im Dunklen?

Aber Menschen haben ja ohnehin die seltsamsten Ideen und Angewohnheiten. Bei mir zu Hause zum Beispiel laufen schon die Vorbereitungen, damit es bald wieder in den Garten gehen kann. Frauchen scharrt schon mit den Füßen und hofft jeden Tag darauf, dass es dafür endlich warm genug wird.

So richtig verstehe ich sie da ja nicht. Klar, Garten ist super, keine Frage. Es gibt nichts Schöneres, als den Tag im Liegestuhl zu verbringen oder sich von der Sonne auf der Terrasse den Pelz wärmen zu lassen und das laue Lüftchen zu genießen. So nämlich verstehe ich die Sache mit dem Garten.

Frauchen dagegen liegt eigentlich fast nie im Liegestuhl: Sobald die Garten-Saison anfängt, ist sie permanent am schnippeln und zupfen, rennt von hier nach da und findet immer neue Aufgaben, die sie angeblich unbedingt erledigen muss.

Ich persönlich stelle mir das allein schon deshalb frustrierend vor, weil sie die allermeisten ihrer Arbeiten sowieso jedes Jahr von vorn anfängt. Rosen und Büsche beschneiden, Terrasse vom Moos befreien – all so ein Kram eben.

Immer noch nicht kapiert hab ich auch die Sache mit dem Zeug, das Frauchen „Unkraut“ nennt. Für mich persönlich ist Blume ja Blume. Wieso Frauchen sich über manche total freut und andere mit grimmiger Entschlossenheit aus den Beeten rupft, hat sich mir noch nie erschlossen.

Besonders spannend wird es immer dann, wenn Herrchen dazukommt und auch einen Teil dieser Unkraut-Rupferei übernehmen soll. Aus irgendeinem Grund scheint ihm da nämlich, wie mir, der Durchblick zu fehlen, was – aus Frauchens Sicht – gute und was blöde Pflanzen sind. Von meinem gemütlichen Terrassenplätzchen aus, von dem ich die Arbeiten im Garten immer überwache, kann ich deshalb jedes Jahr aufs Neue folgendes Schauspiel beobachten: Herrchen hängt auf allen Vieren in einem Beet, Frauchen in einem anderen. Oft dauert das ganz schön lang, und wenn Herrchen mit seinem Abschnitt des Gartens durch ist, steht ihm zwar der Schweiß auf der Stirn, aber er betrachtet glücklich sein Werk, zufrieden mit sich und der Welt. Allerdings nur, bis Frauchen kommt.

Wenn das passiert, zähle ich innerlich in Ruhe von Drei rückwärts. Bei „Drei“ schaut Frauchen prüfend über den Gartenabschnitt, den Herrchen soeben beackert hat. Bei „Zwei“ entsteht auf ihrer Stirn so eine schmale, senkrechte Falte, und ihr Atem beschleunigt sich leicht. Und bei „Eins“ entfährt ihr in aller Regel ein kleiner, spitzer Schrei – das ist der Moment, wo sie feststellt, dass Herrchen es erneut geschafft hat, sämtliches Unkraut im Beet stehenzulassen, und dafür aus Versehen ihre im letzten Jahr gepflanzten Stauden rausgerissen hat.

Nun kennen Herrchen und Frauchen sich ja schon wirklich lang. Deshalb streiten sie sich über so was auch nicht mehr, auch wenn es immer wieder passiert und man meinen sollte, dass Frauchen darüber irgendwann mal die Nerven verliert. Macht sie aber nicht. Stattdessen seufzt sie nur tief und atmet ein paarmal tief durch. Und dann packt sie Herrchen und mich ein, und wir fahren los und holen andere Pflanzen. Herrchen hat mir ja mal im Vertrauen erzählt, er würde das, zumindest zum Teil, mit Absicht machen – weil er weiß, wie sehr Frauchen sich freut, wenn sie neue Blümchen kaufen kann. Aber ich bin nicht sicher, ob ich ihm das glauben soll.

So oder so ist das Ergebnis dasselbe: Bei uns wird draußen nicht nur jedes Jahr aufs Neue geschnippelt und gejätet, nein, Frauchen und Herrchen bepflanzen auch immer wieder den halben Garten neu. Wie gesagt: Ich persönlich fände das eher frustrierend und ziehe ein gemütliches Nickerchen auf dem Liegestuhl solchem Gewühle im Beet eindeutig vor.

Andererseits hat die Sache für mich immerhin einen großen Vorteil: Da angesichts von Herrchens alljährlicher Pflanzen-Verwechslungs-Aktion keine Blume bei uns allzu lang überlebt, und Frauchen deshalb jeden Frühling mit dem Bepflanzen von vorn anfängt, sieht unser Garten immer wieder völlig neu und anders aus – fast, als wären wir umgezogen. Und so kann ich – abgesehen von dem Schauspiel mit Herrchen und Frauchen – jeden Frühling aus meinem Liegestuhl eine rundum neue Aussicht genießen. Und ehrlich: Wer sonst kann das schon von sich behaupten?

Mehr nächste Woche.

Mit mopsigen Grüßen,

*Ihr Eddie*

## *5. Immer der Nase nach*

Tag auch.

Als moderner Hund bin ich mit aktuellen Kommunikationsmitteln bestens vertraut – schließlich muss man als Mopskolumnist immer up to date sein. Gut, Telefone finde ich nervig. Beim Bimmeln machen die einen Mordskrawall, und dass man da nichts sieht, sondern nur hört, macht das Ganze auch nicht besser, wenn Sie mich fragen.

Dafür kenne ich mich super mit diesem Computer-Dings aus. Klar, das Tippen muss Frauchen für mich übernehmen, weil ich mit meinen Pfoten auf dieser Tastatur keinen vernünftigen Satz auf die Reihe kriege. Aber immerhin kann ich mich auf dem Weg mit Freunden überall auf der Welt austauschen. Über dieses Gesichtsbuch hab ich inzwischen ja Kumpel in ganz vielen Ländern, und dass man sich da über das Internetz „Hallo“ sagen kann, ist schon eine Spitzen-Sache. Und weil es im Computer auch Telefon mit Bild gibt, können mir Oma und Opa sogar über den Bildschirm zuwinken, wenn sie im Urlaub sind.

Eins allerdings fehlt mir bei der Computer-Wufferei schon: Informationen für die Nase. Wie Sie wissen, ist die Nase für uns Hunde eine wichtige Angelegenheit – einmal geschnüffelt, und uns ist sofort klar, mit wem wir es zu tun haben. Das fällt bei dieser Internetz-Geschichte natürlich völlig flach.

Ich finde das bedauerlich – und würde deshalb am liebsten all meine Freunde persönlich beschnuppern. Geht leider nicht. Mal abgesehen davon, dass

Frauchen und Herrchen solchen Ausflügen durch Haustür und Gartentörchen einen Riegel vorschieben, latscht man ja als Hund auch nicht mal eben zu Fuß ein paar hundert Kilometer quer durch die Weltgeschichte.

Neulich saß ich dann mit Herrchen im Auto und wir haben auf Frauchen gewartet, die gerade einkaufen war. Da hab ich mir diese ganze Technik mal näher angeschaut. Ehrlich: Für meinen Geschmack ist schon alles ein bisschen groß in diesen Autos, jedenfalls für mich als Mops. Aber an sich kann Autofahren ja so schwer nicht sein, oder? Ein bisschen an diesem Lenkdings drehen, mit der Pfote aufs Pedal treten – klingt nicht sonderlich kompliziert. Außerdem haben Frauchen und Herrchen so ein Auto, wo man das Dach rauf- und runterfahren kann, so dass ich mir im Sommer prima ein laues Lüftchen um die Nase wehen lassen könnte. Stelle ich mir eigentlich ziemlich cool vor.

Also dachte ich mir, dass so ein Hundeführerschein fürs Autofahren doch eine super Sache wäre. Ich meine: Eine Versicherung hab ich, Steuern zahl ich auch (gut, eigentlich zahlt die Frauchen) und nach dieser „Ein-Menschenjahr-ist-sieben-Hundejahre“-Regel bin ich auch längst volljährig. Wieso also sollte ich keinen Führerschein machen dürfen? Dann allerdings fiel mir ein – und damit wären wir wieder bei der Nase –, dass ja eigentlich ohnehin schon zu viele von diesen Autos über die Straßen brausen. Ehrlich: Was die hinten so rauspusten, riecht wirklich absolut scheußlich, und besonders gesund soll das ja auch nicht sein. Wäre also vielleicht doch kein so spitzenmäßiger Einfall, wenn nun auch noch wir Hunde da an jeder Kreuzung mitmischten.

Bei der Gelegenheit kam mir mein Skateboard in den Sinn. Hab ich zu Weihnachten bekommen und seither auch eine Menge geübt. Allerdings zieht sich der Winter diesmal bekanntermaßen unsäglich hin, so dass mein Training bislang leider aufs Wohnzimmer beschränkt war. So richtig hab ich deshalb noch keine Ahnung, wie weit man mit diesem Rollbrett kommt, könnte mir aber vorstellen, dass es zumindest schnell genug ist, um damit vielleicht mal den einen oder anderen Kumpel im Nachbarstädtchen zu besuchen. Und den Open-Air-Effekt, den es bei Autos nur mit offenem Dach gibt, hätte man da gleich inklusive.

Auch damit allerdings dürften sich keine allzu weltumspannenden Reisen anstellen lassen, weshalb mein eigentliches Problem bestehen bleibt: dass ich meine weiter entfernt lebenden Kumpels nicht persönlich beschnüffeln kann.

Bis mir in Sachen mopsiger Fortbewegung eine andere Lösung einfällt, hab ich mir also überlegt, dass da Leute ranmüssen, die sich mit Technik besser auskennen als ich. Ich meine, die sitzen doch überall auf der Welt und erfinden jeden Tag die seltsamsten Sachen, die kein Mops braucht – Kratzbäume, zum Beispiel. Oder Katzen-Trinkbrunnen. Da könnten die doch ihre Zeit mal sinnvoll investieren und solche Geruchs-Computer erfinden, oder?

Ich jedenfalls fände das eine prima Sache. Klar: Persönliches Beschnüffeln ist immer noch das

Schönste. Aber wenn es so ein Computer-Dings zum Schnuppern gäbe, könnte ich jeden Tag aufstehen, vor dem Bildschirm einen tiefen Atemzug nehmen und wäre sofort voll informiert, wie es allen so geht. Dann könnte ich gleich ein paar aufmunternde Worte in die eine oder „Gute-Besserung"-Wünsche in die andere Richtung schicken und wäre direkt im Bilde, ob meine vierbeinigen Kumpel nun gerade auf der Hundewiese, im Pferdestall oder im Wald waren.

Optimalerweise müsste man das Ganze dann nur noch mit einer „An/Aus"-Taste ausstatten, damit man Gerüche wegschalten kann, auf die man als Hund lieber dankend verzichtet: den von diesen ekligen Putzmitteln, zum Beispiel. Oder von Haarspray. Oder von sonstigem Krempel, bei dessen Geruch sich mir die Krallen hochrollen.

Also, ihr Forscher da draußen: Ärmel hochgekrempelt, und ran an die Arbeit! Die Zukunft der internationalen Welt-Vierbeiner-Kommunikation liegt in euren Händen, alle Hunde-Augen sind auf euch gerichtet! Ich zähle fest auf euch!

Mehr nächste Woche.

Mit mopsigen Grüßen,

*Ihr Eddie*

# 6. Fundsachen

Tag auch.

Nun ist er also endlich da, der Frühling. Und nachdem wir dieses Jahr ja ganz schön lang auf ihn warten mussten, sind natürlich alle schwer begeistert – inklusive mir. Endlich wieder auf der Terrasse chillen und sich die Sonne auf den Pelz brennen lassen: Mann, haben wir darauf lang gewartet.

Von den üblichen Frühlingsfreuden wie kitzelnden Sonnenstrahlen, blühenden Blümchen und summenden Bienen mal abgesehen, finde ich, dass der Frühling noch einen ganz anderen riesengroßen Vorteil hat, der meiner Meinung nach völlig unterschätzt wird. Die tollen Sachen nämlich, die er plötzlich wieder ans Licht befördert.

Für mich jedenfalls ist die Outdoor-Zone rund ums Haus derzeit ein nicht versiegender Quell freudiger Überraschungen. Nachdem endlich nicht mehr meterweise Schnee liegt und es auch nicht andauernd regnet, was einem ja jeden Spaß am Draußen-Sein völlig vermiest, kam ich nämlich endlich mal wieder dazu, das Gelände gründlich zu erforschen. Und Sie glauben ja gar nicht, was ich da für Schätze zutage gefördert habe.

Mein erster Fund, gleich am allerersten sonnigen Tag, war ein kleiner, gelber Tennisball, den ich den ganzen Winter über schmerzlich in meiner Spielzeug-Sammlung vermisst hatte. Der war offenbar irgendwann im Spätherbst beim Spielen ins Beet unter dem Apfelbaum gerollt, dann kam der Schnee, und er geriet in Vergessenheit. Ich hatte ihn schon überall gesucht – unter Schränken, Treppen und hinter dem Sofa –, aber ohne Erfolg. Sie können sich also vorstellen, wie groß meine Freude war, ihn wiederzusehen.

Gleich der zweite Tag brachte einen noch genialeren Fund: mein altes Gartenschlauch-Stück aus dem letzten Sommer nämlich. Ja, schon klar – manche werden nicht verstehen, wieso das für mich so was Besonderes ist. Aber ich habe nun mal eine große Leidenschaft für alles, was aus Gummi ist, inklusive Frauchens Garten-Latschen. Da kann man so schön drauf rumkauen. Und nachdem ich im letzten Sommer mehrfach versucht hatte, den 20 Meter langen Gartenschlauch bei uns über den Rasen zu schleppen, hatte Frauchen dann irgendwann ein Einsehen und schnitt mir ein eigenes Stück davon zum Spielen ab. Auch das war aber im Herbst plötzlich auf Nimmerwiedersehen verschwunden – bis ich es irgendwo unter der Veranda wieder entdeckte.

Schon zu diesem Zeitpunkt war ich mit dem Frühling absolut versöhnt und hatte ihm die langen, kalten Wochen längst verziehen, doch das Beste sollte erst noch kommen: Als ich gestern rund um den Holzstapel nach dem Rechten schaute, fand ich nämlich auch noch einen meiner absoluten Lieblings-Kumpel – Mr. Mouse. Mr. Mouse ist ebenfalls aus Gummi, trägt blaue Shorts und ein rotes Shirt und kann quietschen, was das Zeug hält. Allerdings leidet er an einer leichten Persönlichkeitsstörung und hält sich für eine Wild-Maus, weshalb er offenbar lieber draußen überwintern wollte.

Gut, sein Outfit hat bei der kalten Witterung ein wenig gelitten und seine Oberfläche ist ein bisschen angekratzt – aber so was tut unserer Freundschaft natürlich keinen Abbruch. Jedenfalls haben wir riesig Wiedersehen gefeiert, und weil Mr. Mouse fast genau so cool ist wie ich, haben wir anschließend von meinem Aussichtsplätzchen auf der Terrasse aus erst mal super lässig die Nachbarschaft ausgecheckt.

Sie sehen also: Mein Frühling läuft bislang super. Und weil ich die ganzen Überraschungen, die er in den letzten Tagen für mich bereithielt, so ungeheuer klasse fand, hab ich mir überlegt, dass ich das Ganze beim nächsten Mal geplanter angehen werde – schließlich kann man sich auf den Zufall nicht immer verlassen. Wenn der Herbst kommt, werde ich einfach ein paar Sachen aus meiner Spielzeugkiste im Garten verstecken – um mich selbst dann im Frühling mit meinen super Fundstücken zu überraschen.

Außerdem, hab ich gedacht, könnte ich das System dabei gleich noch optimieren. Bislang nämlich hab ich noch überhaupt nichts Essbares aus dem letzten Jahr im Garten ausfindig machen können, was die Sache natürlich perfekt abrunden würde. Also werde ich auch noch den einen oder anderen Kauknochen im Gebüsch verstecken. Das wird ein super Spaß, wenn ich das alles wieder aufspüren kann.

Der einzige Wermutstropfen bei der Sache ist für mich der, dass Frauchen draußen bislang noch überhaupt keine tollen Schätze aus dem letzten Jahr wiedergefunden hat. Das einzige, was sie da im

Frühling entdeckt, ist eine Menge Arbeit in den Beeten – das hat man davon, wenn man als Mensch immer alles gleich wieder aufräumt. Aus diesem Grund hab ich den festen Plan, im Herbst auch ein paar Kleinigkeiten für Frauchen im Garten zu verstecken – damit sie meine Entdecker-Freuden im Frühling teilen kann.

Bestimmt fände sie es auch toll, wenn sie im Gebüsch völlig unerwartet auf was Essbares stoßen würde – ein paar Kekse, zum Beispiel, oder ein Stück Kuchen vom Kaffeeklatsch im letzten Spätsommer. Oder ich lege ihr irgendwo eins ihrer Bücher hin – wo sie doch so gern liest. Na, mal sehen.

Jedenfalls bin ich sicher, dass das ein großes „Hallo" geben wird, wenn Frauchen und ich nächstes Jahr im Frühling zum allerersten Mal wieder in den Beeten wühlen und sie meine tollen Überraschungen findet. Hach, da freut sie sich bestimmt richtig doll. Ehrlich, ich bin schon schwer gespannt!

Mehr nächste Woche.

Mit mopsigen Grüßen,

Ihr Eddie

## *7. (K)eine Frage der Größe*

Tag auch.

Auf Spaziergängen hat man manchmal schon seltsame Begegnungen, oder? Diese Woche war ich mit Frauchen gerade im Wald unterwegs, als uns ein Vierbeiner mit dazugehörigem Zweibeiner entgegenkam. Der Hund war ein ziemlicher Riese – ungefähr dreimal so hoch wie ich –, und echt cool drauf. Wir haben uns also freundlich miteinander bekanntgemacht, Neuigkeiten aus dem Revier ausgetauscht und über dies und das gequatscht – wie das halt so läuft zwischen uns Hunden.

Eigentlich alles ganz nett, bis der Zweibeiner, der die ganze Sache bis dahin schweigend beäugt hatte, anfing, komische Sprüche loszulassen. So was Kleines wie ich sei doch eigentlich gar kein richtiger Hund, ließ er vom Stapel – eher ne „Fußhupe". Und noch mehr so idiotisches Gefasel, das in dieselbe Richtung ging.

Frauchen würdigt ja solche Typen grundsätzlich keiner Diskussion. Die haut dann eher mal einen lässigen Spruch raus und lässt die einfach stehen. Und ehrlich: Mir persönlich geht so was ohnehin sonst wo vorbei. Das geht in ein Mopsohr rein und aus dem anderen wieder raus. Ich meine, solche Leute können ja auch nix dafür, dass sie nicht so richtig schlau sind, oder?

Und untereinander kennen wir Hunde ja solche seltsamen Vorurteile sowieso nicht – wir sind quasi von Natur aus liberal eingestellt. Ich schwöre Ihnen: Selbst der Hund von dem Typen hat bei dem, was

sein Herrchen da von sich gab, die Aug
und den Kopf geschüttelt. Ich hatte ech
bisschen Mitleid mit dem – armer Kerl, wer
was der sich von seinem Dosenöffner den lieben, langen Tag noch so an Blödsinn anhören darf.

Ich jedenfalls war lässig wie immer – Sie kennen mich. Ich hab dem Kerl also nur einen ultracoolen Blick rübergeschickt, der übersetzt ungefähr so viel bedeutete wie „Vermops dich, Alter!“. Und damit war die Sache für mich auch erst mal gegessen.

Beim Sonnen auf der Terrasse kam mir das Ganze dann die Tage allerdings wieder in den Sinn, und mir fiel auf, dass ich solche Geschichten eigentlich relativ häufig höre. Also habe ich mal darüber nachgedacht, wieso eigentlich so viele Leute nicht so große Hunde wie mich völlig unterschätzen.

Zugegeben, manchmal sehe ich im Fernsehen ja sogar Zweibeiner, die selbst einen kleinen Hund haben und offenbar nicht so richtig schnallen, dass das tatsächlich ein Hund ist, was sie da unterm Arm tragen, und nicht die neueste Handtasche aus der Frühjahrs-Kollektion ihres Lieblings-Designers. Aber ich glaube, die sind deutlich in der Unterzahl, also kann‘s daran nicht liegen.

Jedenfalls kenne ich persönlich wirklich jede Menge Hunde – und zwar in allen denkbaren Größen. Und wenn ich eins in den letzten Jahren gelernt habe, dann dass Mut und Selbstbewusstsein nicht das Geringste mit der Schulterhöhe zu tun haben. Ich hab schon gesehen, wie sich Doggen und Irische Wolfshunde beim Tierarzt unter Frauchens Stuhl verkrochen, während einen Meter weiter ein

Rehpinscher gechillt das Wartezimmer checkte und sich lässig umguckte, als wolle er fragen, wo er in dem Laden einen Drink bestellen kann. Ich kenne Hunderudel, in denen der Kleinste alles unter Kontrolle hat und anerkannter Chef der gesamten Truppe ist, und Yorkies mit einem Herz wie ein Löwe.

Und mal ganz ehrlich: Auch ich brauche mich hinter keinem meiner großen Kumpel zu verstecken. Ich verbelle todesmutig Bauarbeiter und sonstige Fremde, die um mein Grundstück schleichen. Ich verziehe keine Miene, wenn ich beim Tierarzt sitze, selbst wenn der mir in den Ohren rumpörkelt oder sonst welche fiesen Sachen mit mir anstellt. Und wenn bei uns nachts irgendwo ein Holzbalken knackt oder es sonst ein Geräusch gibt, dann sollten Sie mich aber mal sehen! Hey: Ich würde mich jedem Einbrecher ohne Zögern in den Weg stellen!

Und: Seit kurzem bin ich sogar offizieller Lebensretter. Kaum war nämlich der Frühling da, trat ich morgens doch bei uns aus der Haustür und sah was? – Einen Fischreiher, der gerade versuchte, die Frösche und Fische bei uns aus dem Teich zu mopsen. Ich bin ja jetzt kein so großer Freund von dem ganzen glitschigen Getier, das in diesem Tümpel rumkreucht – aber Rudel ist Rudel, und das muss man als Wachmops schließlich verteidigen. Eins können Sie mir jedenfalls glauben: Diesem Reiher-Typen hab ich ordentlich was erzählt, der hat schneller das Weite gesucht, als er „Piep“ sagen konnte. Besser hätte das auch kein Rottweiler oder Schäferhund hingekriegt, so viel ist mal klar.

Insofern, wenn Sie mich fragen: Hund ist Hund – völlig egal, ob Pudel oder Pekinese, Dalmatiner, Dogge oder bunte Mischung. Und wir Hunde, wir wissen eins schon lange: Das mit diesen Vorurteilen ist ein riesiger, gequirlter Blödsinn. Aber so ist das mit Vorurteilen ja eigentlich immer. Ich jedenfalls finde: Was das angeht, könnte sich mancher Mensch von uns noch eine Scheibe abschneiden – und solche Typen wie der aus dem Wald allemal.

Also, Freunde: Falls auch euch mal so ein seltsamer Kerl über den Weg laufen sollte – lasst euch nicht unterkriegen! Ob nun 15 oder 90 Zentimeter Schulterhöhe: völlig egal. Denn so viel ist sicher: Ein mutiges Herz kann auch im kleinsten Körper stecken. – Und wer was anderes behauptet, der hat einfach keine Ahnung.

Mehr nächste Woche.

Mit mopsigen Grüßen,

*Ihr Eddie*

Tag auch.

Sie werden es vermutlich wissen: Hunde hören ausgesprochen gut. – Okay, nicht zwangsläufig auf ihre Besitzer, was allerdings weniger an der fehlenden Fähigkeit liegt, sondern meistens an mangelnder Lust. Aber das ist ein anderes Thema. Was ich meine, ist mehr die Tatsache, dass wir Hunde viele Geräusche deutlich besser wahrnehmen als Menschen. Sprich: Für uns Hunde ist die Welt ein ganzes Stück lauter als für andere.

Wenn ich an einem Frühlingstag beispielsweise auf meiner Veranda liege, gibt es da für mich viel mehr zu erlauschen als für Zweibeiner. Sie hören vielleicht Vogelzwitschern oder einen quakenden Frosch. Ich dagegen kriege es auch mit, wenn Frau Maus in ihrer Behausung im Holzstapel unter unserer Terrasse eine alte Haselnuss aus ihren Vorräten holt und darauf rumknabbert. Oder wenn in den Bäumen am Ende unseres Grundstücks ein Eichhörnchen durch die Zweige hüpft. Auch wenn bei uns jemand die Straße raufkommt, merke ich das viel früher als Frauchen – und meistens kann ich am Geräusch der Schritte sogar erkennen, ob es nun der Briefträger oder zum Beispiel Oma ist, die bei uns vorbeischaut.

Im Prinzip ist das eine ziemlich tolle Sache. Gerade hier, auf dem Land, mitten zwischen Wäldern und Weiden, gibt es ja eine Menge interessanter Geräusche. Und an manchen Tagen liege ich einfach nur stundenlang auf der Terrasse, spitze die Ohren in alle Richtungen und höre zu, was sich da draußen so abspielt. Spannend ist das. Jedenfalls meistens.

Bedauerlicherweise hat so ein gutes Gehör nicht nur Vorteile – besonders im Frühling und Sommer. Schon klar: Eigentlich sollte man meinen, dass es hier draußen ziemlich beschaulich zugeht und es – außer dem Geräusch eines vorbeifahrenden Traktors dann und wann – keine nennenswerte Lärmbelästigung geben dürfte.

Aber: weit gefehlt. Bei uns, im Grünen, wohnen nämlich diverse Eigenheimbesitzer. Und die sind wiederum zu überdurchschnittlich hohem Anteil Gartenfreunde und Heimwerker. Was dazu führt, dass ich hier teilweise von einer Geräuschkulisse umgeben bin, die sich locker mit der einer achtspurigen Autobahn messen könnte.

Samstags ist es besonders schlimm. Dann nämlich sind auch die Herrchen zu Hause. Und obwohl einem der gesunde Mopsverstand sagt, dass die Menschen so einen freien Tag genießen und mal zum Ausschlafen nutzen sollten, ist samstags grundsätzlich Rasenmäher-Zeit – und zwar bevorzugt morgens, so gegen halb acht. Zu einer Tageszeit also, wo, wenn Sie mich fragen, kein anständiger Mensch auf die Idee kommen dürfte, einen Mops zu wecken.

So ein durchschnittlicher Rasenmäher ist vermutlich schon für Menschen nicht richtig leise. In meinen Ohren allerdings klingt er, wie ich es mir inmitten eines schweren Tornados vorstelle. Ganz ehrlich: Als ich damals hier eingezogen bin und das Geräusch zum allerersten Mal hörte, dachte ich, uns stünde eine Katastrophe bevor – also mindestens Erdbeben, Weltuntergang oder was in der Richtung.

Und als ob die Lautstärke eines solchen Rasenmäher-Tornados nicht ausreichen würde, um auch den schwerhörigsten Hund zu nachtschlafender Zeit aus dem Bett zu holen, wird bei uns auch noch gern synchron gemäht. Will heißen: Unsere Nachbarn machen das am liebsten gleichzeitig, weshalb samstagsmorgens nicht selten statt eines gleich drei dieser Terror-Geräte durch die Gegend fegen.

Und weil zu einem anständigen Garten-Orchester ja unterschiedliche Instrumente gehören, schließt sich der Truppe gern noch ein vierter Nachbar an. Allerdings nicht mit dem Rasenmäher, das wäre ja langweilig, gell? – Nein, mit der Kettensäge, einem Gerät, das meiner Meinung nach nur zum Schein entwickelt wurde, um Holz zu zerkleinern, in Wahrheit aber dazu dienen soll, Hunde in einem 3-Kilometer-Umkreis zuverlässig in den Wahnsinn zu treiben.

Wenn es Herbst wird, gesellt sich zu dem dreifachen Rasenmäher-Tornado und dem teuflischen Kettensägen-Schwinger noch ein fünfter Nachbar – mit Laubbläser. Das ist dann der Zeitpunkt, wo ich Frauchen regelmäßig vorschlage, dass wir auswandern sollten – in die Wüste oder nach Grönland vielleicht. Oder in sonst eine Gegend, in der man garantiert keinen Rasenmäher braucht und wo man als Hund nicht permanent Gefahr läuft, taub zu werden.

Ganz ehrlich: Mir ist ja schon schleierhaft, warum Menschen sich selbst einen solchen Lärm antun. Warum das Ganze allerdings in der Umgebung von Hunden nicht schlichtweg verboten ist, ist mir ein völliges Rätsel. Und samstagsmorgens vor acht Uhr sollte es erst recht nicht erlaubt sein, so einen höllenmäßigen Krawall zu veranstalten.

Ich persönlich finde ja dieses ganze Geschnipsel und Gepuste in der Natur sowieso überflüssig. Ich meine, warum zieht man denn ins Grüne, wenn man den Rasen dann ständig auf zwei Zentimeter trimmt und einen jedes runtergefallene Blatt stört? Und wenn schon: Es gibt doch auch andere Geräte, die ihre Arbeit verrichten, ohne dass man deshalb als Hund das Gefühl haben muss, dass einem gleich der Himmel auf den Kopf fällt oder das Haus einstürzt. Flüsterleise Spülmaschinen, zum Beispiel. Oder lärmreduzierte Staubsauger. Wieso erfindet so was nicht mal jemand für den Garten?

Nachdem der Frühling nun wieder da ist und der Lärm da draußen von vorn losgeht, hab ich mir jedenfalls überlegt, dass in der Sache endlich was passieren muss. Da die Geschichte mit dem Auswandern nach Grönland bei Frauchen weniger gut ankommt, und ich auch nicht besonders optimistisch bin, dass unsere Nachbarn diesen ganzen Rasenmäher-Quatsch künftig sein lassen, hab ich mir gedacht, dass ich mir vorläufig einfach ein paar von Frauchens Ohrenstöpseln ausleihen werde. Frauchen benutzt die hin und wieder, weil sie ja der Meinung ist, dass Herrchen, die Katze und ich schnarchen (was ich selbstverständlich von mir weise). Und sie sagt, mit den Teilen sei die Welt eine ganze Ecke leiser.

Insofern werde ich die Tage mal schauen, ob ich nicht irgendwo auf ihrem Nachttisch zwei dieser Dinger abstauben kann. Wie ich mir die dann in die Ohren bugsiere, weiß ich zwar noch nicht genau. Aber irgendein Weg wird sich schon finden.

Und dann werden sie endlich, endlich verstummen, die Rasenmäher und Laubbläser dieser Welt – jedenfalls für mich. Hach, das wird himmlisch. Während draußen lärmmäßig die Hölle tobt und alle anderen in der Nachbarschaft sich mit dunkel umränderten Augen über den Krawall ärgern, werde ich mich selig in meinem Körbchen umdrehen und mir eine zusätzliche Mütze Wochenend-Schlaf gönnen.

Nur auf eins muss ich unbedingt achten: dass ich diese Ohrendinger rechtzeitig wieder rausnehme. Nicht, dass ich noch verpasse, wenn Frauchen mich zum Frühstück ruft.

Mehr nächste Woche.

Mit mopsigen Grüßen,

*Ihr Eddie*

# 9. Bespaßung auf Mopsisch oder: Wie man seine Zweibeiner erfolgreich auf Trab hält

Tag auch.

Neulich haben Frauchen und ich im Wartezimmer beim Tierarzt einen Mann mit zwei Junghunden getroffen – ziemlich coole Jungs, vielleicht ein halbes Jahr alt. Haben das Wartezimmer ordentlich aufgemischt, für jede Menge Unterhaltung gesorgt und sich und alle anderen prächtig amüsiert.

Dem Besitzer merkte man an, dass er die beiden echt ins Herz geschlossen hat. Allerdings fiel mir auf, dass er stark übernächtigt wirkte. Die beiden, erzählte er Frauchen dann im Laufe der Warterei, seien wirklich toll, aber echte Wirbelwinde, und würden ihn aktuell rund um die Uhr auf Trab halten. In seiner Wohnung stehe inzwischen kaum noch ein Stein auf dem anderen und er komme nur selten dazu, sich mal fünf Minuten in Ruhe hinzusetzen.

Ich glaube, dass der Mann überhaupt nicht begriffen hat, worum es einem als Junghund geht. Ich meine: Meine Welpenzeit hat Frauchen ja nicht mitbekommen, weil sie mich erst aus dem Tierheim geholt hat, als ich schon sieben Monate alt war. Aber mal ganz ehrlich: Die eineinhalb Jahre danach habe ich mich nach Kräften bemüht, Frauchen rund um die Uhr ein super Unterhaltungsprogramm zu liefern.

Damit sie in Form bleibt, habe ich damals zum Beispiel mindestens 15 Mal am Tag mit ihr Fangen im Garten gespielt. Funktionierte ganz einfach:

Irgendwo im Beet eine Blume abbeißen, die angeblich nicht gesund für Hunde ist, und dann vor Frauchen wegrennen, wenn sie versucht, einem die aus dem Mund zu zerren. Ehrlich, wir hatten jedes Mal riesigen Spaß – und nicht nur wir. Nein, ich bin sicher, dass auch die Nachbarn es klasse fanden, uns dabei zuzusehen, wie wir minutenlang im Garten im Kreis liefen – ich vornedran, sie hinterher.

Nachdem Frauchen aber x-mal mit dem Tierarzt telefonieren musste, weil mir aus Versehen doch mal so ein ungesunder Krempel in den Hals gerutscht war, hat sie dann irgendwann beschlossen, alles aus dem Garten zu rupfen, was für Hunde schlecht ist. Und stattdessen Sachen eingepflanzt, die mir nicht schaden. Das führte dann dazu, dass sie aufhörte, mich hektisch zu verfolgen, wenn ich an irgendwelchem Grünkram knabberte, und der ganze Witz war irgendwie völlig dahin. Ehrlich mal: Manchmal können Zweibeiner echte Spaßbremsen sein.

Es musste also eine andere Beschäftigung her. Erfreulicherweise haben wir unter unserer erhöhten Veranda ein großes Kiesbett, voll mit Tausenden und Abertausenden von Steinen, die größentechnisch wie für einen Mops gemacht sind – ein natürliches Spielparadies, könnte man sagen.

Statt mit Blümchenpflücken, versuchte ich es nun also, indem ich mir jeweils einen der Steine schnappte und damit wie ein Wilder vor Frauchen herflitzte. Funktionierte 1a, und das wochenlang. Jedes Mal, wenn Frauchen mich eingeholt hatte, schnappte ich mir einfach einen neuen Stein und legte von vorn los. Wiederum: ich vornedran, sie hinterher.

Blöd war, dass Frauchen bei einer dieser Gelegenheiten wirklich mal meinte, ich hätte eins von den Dingern – groß wie ein Taubenei – verschluckt, was mir umgehend einen Besuch in der nächsten Tierklinik einbrachte. Ganz großer Bahnhof, röntgen und so. Dabei hatte ich das Ding längst irgendwo im Gras ausgespuckt. Jedenfalls hatte ich hinterher das Gefühl, dass die ganze Sache den Stress irgendwie nicht wert sei, und hab mich nach Alternativen umgesehen.

Weil ich draußen nichts Interessantes mehr fand, verlegte ich mein Unterhaltungs-Programm für Frauchen ins Haus. Schließlich haben wir ein großes Wohnzimmer, in dem man wunderbar stundenlang um den in der Mitte hochgezogenen Kamin joggen kann. In den folgenden Monaten entführte ich mehrere Eier, einige Zeitschriften, zwei Schokoriegel, sämtliche Fernbedienungen und eine große Zahl weiterer Gegenstände, jedes Mal mit demselben Effekt: Frauchen kam ordentlich in Bewegung und wir hatten echt lustige Tage.

Bis ich ein paarmal auf Sachen rumkaute, die irgendwie nicht so toll waren. Die Zitrone zum Beispiel, nach der sich mir noch stundenlang die Zunge kräuselte. Warum erfindet auch jemand Obst, das aussieht wie ein Tennisball? Und dann war da noch die Geschichte mit dem Radiergummi. Zugegeben, nicht gerade eine meiner geistreichsten Ideen, den zu essen. Aber, hey: Kann ich ja nicht wissen, dass so ein blödes Ding giftig ist und dass man dann vom Tierarzt ein Brechmittel kriegt, um das Teil wieder retour zu schicken. Und erst recht konnte ich nicht ahnen, dass man die Sache mit dem Retour-Schicken, ganz gegen den eigenen Willen, von so einem Brechmittel locker 15 Mal macht – aus meiner Sicht völliger Unsinn. Ich meine: Wieso macht dieses Zeug denn, dass man die Prozedur noch 14 Mal wiederholt, wenn doch beim ersten Mal alles draußen ist?

Jedenfalls bin ich seither vorsichtiger geworden und, naja, eben auch eineinhalb Jahre älter. Die beiden Jungs im Wartezimmer allerdings lieferten mir neue Inspiration und brachten mich auf die Idee, dass ich mein Junghund-Bespaßungs-Programm – oder zumindest Teile davon – mal reaktivieren könnte. Unter Berücksichtigung einiger Vorsichtsmaßnahmen, versteht sich. Auf überflüssige Besuche in der Tierklinik kann ich verzichten.

Ich hab Frauchen das jetzt mal vorgeschlagen – so ein bisschen Unterhaltung und einige Spontan-Sprints in den Arbeitspausen können ja nicht schaden, oder? Das ewige Arbeiten am Schreibtisch soll ja auch überhaupt nicht gesund sein für Menschen.

Frauchen war da aber weniger begeistert von und meinte, wir sollten doch lieber bei Apportieren, Frisbee-Werfen und sonstigen Spielen bleiben. Die Zeit mit mir als Junghund, sagte sie, sei schon wirklich schön gewesen. Aber, behauptete sie doch glatt, auch verantwortlich für jedes einzelne ihrer grauen Haare.

Bitte wie? Graue Haare? Mal ehrlich: Bloß, weil sie in dieser Zeit geschätzte 1200 Mal mit dem Tierarzt telefonieren musste, weil ich irgendwelchen ungesunden Kram verschluckt hatte? Und weil wir hin und wieder mal am Wochenende oder nachts deshalb zum Tierarzt rasen mussten?

Naja, mal sehen. Ein paar neue Beschäftigungen müssen jedenfalls her. Nachdem der Frühling ja nun offenbar doch ausfällt und ich das Skateboard, das ich zu Weihnachten bekommen habe, immer noch nicht draußen nutzen kann, wird es eindeutig Zeit für ein paar neue, lustige Mops-Späßchen, finde ich. Mal schauen, was mir so einfällt.

Und was Frauchen und die grauen Haare angeht: Ich halte es ja sowieso für frei erfunden, dass ich für die Dinger verantwortlich sein soll – im Ernst, manchmal neigt sie schon zu Übertreibungen. Aber selbst, wenn an der Geschichte was dran sein sollte: Wozu ist Frauchen mit einem Friseur verheiratet?

Mehr nächste Woche.

Mit mopsigen Grüßen,

*Ihr Eddie*

## 10. Das wahre Geheimnis mopsiger Entspannung oder: Warum auch Zweibeiner „Mops-Minuten“ brauchen

Tag auch.

Über Frauchen kriege ich ja jede Menge davon mit, was die Zweibeiner draußen in der Welt jeden Tag treiben. Auch, was sie alles anstellen, um mal richtig zu entspannen, wenn sie gestresst sind oder Ärger im Büro hatten. Manche meditieren, andere machen Yoga oder hören ruhige Musik, wieder andere schreiben Tagebuch oder haben so einen kleinen Zen-Garten auf dem Schreibtisch, wo sie mit Mini-Harke den Sand hin- und herschieben, falls ihr Chef mal wieder doof zu ihnen war.

Für mich persönlich wäre so was ja nichts. Zugegeben, dann und wann treibe ich Sachen, die vermutlich als eine Art Mops-Yoga durchgehen könnten. Ich kenne zum Beispiel den „Essens-Gruß“ (bei dem streckt man die Vorderbeine so weit wie möglich am Kühlschrank hoch und wartet, bis Frauchen den Napf gefüllt hat) und selbstverständlich auch den „Schlafenden Hund“ – ich denke, der ist selbsterklärend.

Zu meditieren oder Zen-Gärten zu harken, läge mir aber fern. Nicht, weil ich nicht auch manchmal genervt wäre – zum Beispiel, wenn Frau Kratzbürste mich gerade wieder mal aus dem Körbchen gejagt hat –, sondern weil ich eine sehr viel simplere Methode zum Relaxen kenne.

Ich meine: Haben Sie sich eigentlich schon mal gefragt, wieso wir Möpse als total cool und gechillt gelten? – Nein, nicht etwa, weil wir schon so auf die Welt kommen würden. Das wahre Geheimnis unserer tiefenentspannten Aura sind die berühmten „Mops-Minuten". – Meine Mops-Kumpel und ihre Zweibeiner werden genau wissen, was ich meine, für alle anderen erkläre ich kurz, was das ist.

Mops-Minuten können in der Außenbetrachtung schon mal wirken, als sei man als Hund gerade von einer Wespe in den Hintern gepikst worden. Offenbar aus dem Nichts heraus springen wir plötzlich auf, rasen wie von der Tarantel gestochen um den Kamin oder durch den Garten, in Mords-Tempo Treppen und Möbel rauf und runter, auf Sofas und auch auf Menschen, falls die uns zufällig grad im Weg sitzen, und schlagen beim Flitzen Haken, wie die sonst höchstens ein Kaninchen im Teenie-Alter drauf haben dürfte. Wenn es vorbei ist – meistens nach ein paar Minuten –, hauen wir uns einfach wieder aufs Sofa oder ins Körbchen, als sei nichts geschehen.

Als Frauchen das bei mir zum ersten Mal sah, ließ sie vor Schreck beinah ihre Kaffeetasse fallen. Kein Wunder: Meine Vorgängerin hier war nämlich kein Mops, außerdem schon steinalt – 100 oder so – und insofern eher der ruhige Typ. Auch bei anderen Hunden hatte Frauchen so was noch nie gesehen, weshalb sie fürchtete, ich könnte Schmerzen oder irgendeinen furchtbaren Anfall haben.

Anfall ist im Prinzip auch nicht so falsch, aber eben nicht im medizinischen Sinn. Ganz im Gegenteil sind nämlich Mops-Minuten eine äußerst gesunde Sache, wie ich finde, – jedenfalls für das geistige Wohlbefinden. Während wir wie die Wilden durch die Gegend rasen, powern wir uns nämlich so richtig schön aus – eine halbe Stunde Jogging ist nichts dagegen. Das macht nicht nur Spaß, sondern baut garantiert auch jeden Frust über mies gelaunte Katzen oder zu kleine Leckerchen-Rationen im Nullkommanichts vollständig ab.

Ich persönlich bin deshalb ja der Meinung, dass auch Zweibeiner gut daran täten, dann und wann ein paar Mops-Minuten einzulegen – vorausgesetzt natürlich, dass die Fitness es zulässt. Probieren Sie's doch mal aus: Einfach spontan aufspringen, wie von Sinnen durchs Haus oder den Garten rennen, sich dabei ruhig auch mal schütteln oder wild mit den Armen rudern, bis Sie völlig außer Puste sind. Ich schwöre Ihnen: Wirkt tausend Mal besser, als irgendwelchen komischen Wal-Gesängen zu lauschen, und befreit garantiert von jedem Ärger über übellaunige Chefs oder nervige Telefon-Verkäufer.

Gut, wenn Sie das Ganze draußen machen, dürfte es eine gewisse Aufmerksamkeit auf sich ziehen. Es kann schon passieren, dass Ihre Nachbarn kopfschüttelnd am Zaun stehen oder nachfragen, ob Sie einen Arzt brauchen. Aber ich verspreche Ihnen: Wenn Sie das mit den „Mops-Minuten“ ein paarmal gemacht haben, sind Sie so tiefenentspannt, dass Ihnen so was sonst wo vorbeigeht. Versuchen Sie's einfach mal – ich wette, „Mops-Minuten“ helfen auch Ihnen umgehend gegen jede Art von Stress.

Nur bei Katzen scheint die Methode keinerlei Wirkung zu zeigen. Auch Frau Kratzbürste nämlich hat solche Momente. Dann rast sie plötzlich x-mal rauf in den zweiten Stock und wieder runter, springt um den Kamin und auf Stühle und lässt mal so richtig alles raus. Komischerweise hält aber auch das sie nicht davon ab, mich fünf Minuten später in den Hintern zu zwicken, weshalb ich annehmen muss, dass Mops-Minuten bei Katzen völlig ihre Wirkung verfehlen. Möglich wäre natürlich auch, dass Katzen einfach grundsätzlich viel mehr Frust haben, als man mit ein paar Minuten ausgelassener Flitzerei abbauen kann. Hey: Wäre ich kein Hund, sondern eine Katze, würde mich das auch deprimieren. Aber das gehört jetzt nicht hierher.

Also: Berichten Sie mir doch bei Gelegenheit mal, wie's bei Ihnen so gewirkt hat. Und immer daran denken: Wer Sie schräg anguckt, bloß weil Sie mal wie ein Wildgewordener durch den Garten sprinten, bräuchte ein paar gesunde Mops-Minuten vermutlich sehr viel dringender als Sie. Im Zweifel laden Sie ihn einfach zum Mitmachen ein – denn selbstverständlich kann man Mops-Minuten auch als Gruppen-Sportart betreiben. Völlig unverständlich eigentlich, dass die Krankenkassen nicht längst überall kostenlose Kurse dafür anbieten.

Mehr nächste Woche.

Mit mopsigen Grüßen,

Ihr Eddie

# 11. Ran an den Speck!

Tag auch.

Ehrlich: Das Leben von Zweibeinern ist ganz schön kompliziert. Neulich, zum Beispiel, waren wir wieder mal auf einer Hundewiese, was ich persönlich eine super Sache finde. Man trifft alte Freunde und jede Menge neue, tauscht interessante Informationen aus und kann spielen und toben, so viel man will.

Nicht so bei den Zweibeinern: Während wir Hunde uns prächtig amüsierten, stand der Großteil der Hundebesitzer mehr oder minder sinnlos in der Gegend rum. Zwei oder drei unterhielten sich, die anderen blieben für sich und betrachteten das Schauspiel, das sich ihnen bot.

Mir persönlich ist unverständlich, wieso Menschen es sich derart schwer machen. Mit Fremden reden die meisten ohne guten Grund ja schon mal gar nicht – jedenfalls nicht, bevor sie nicht gefühlte 12.000 Mal Blickkontakt hatten. Ganz im Ernst: In der Zeitspanne, die Zweibeiner durchschnittlich brauchen, um auch nur die ersten Sätze miteinander zu wechseln, hab ich schon locker 15 neue Freunde gefunden. Und bis sie von den ersten Blickkontakten über stundenlangen Smalltalk auch nur dazu kommen, sich wenigstens mal auf einen Kaffee zu verabreden, können Ewigkeiten vergehen. Ehrlich: Mir ist schleierhaft, wie die Menschheit es unter diesen Voraussetzungen geschafft hat, noch nicht auszusterben.

Wir Hunde sind da ja viel direkter: Beim ersten Blick wird gecheckt, ob Ohren, Fell oder Rute unseres

Gegenübers irgendwie Ärger signalisieren könnten, und wenn in dem Bereich alles okay ist, gehen wir gleich ans Eingemachte: Vorne schnüffeln, hinten schnüffeln – und schon wissen wir genau, mit wem wir es zu tun haben.

Und nicht nur das: Anhand der Duftnote können wir auch mit ziemlich hoher Sicherheit einschätzen, ob wir uns mit einem anderen Hund verstehen. Das ist ausgesprochen praktisch, weil man gleich weiß, woran man ist – und bewahrt uns vor Enttäuschungen. Menschen dagegen brauchen wegen ihres Schneckentempos in Sachen Kontaktaufnahme im Zweifel auch ewig, um festzustellen, dass sie sich gar nicht leiden können. So was kann ganz locker mal ein halbes oder auch ein ganzes Hundeleben dauern. Ehrlich mal: Das ist doch eine ungeheure Zeitverschwendung, oder nicht?

Ich persönlich glaube ja, dass die Dinge unter Zweibeinern wesentlich einfacher wären, wenn sie nur mal bereit wären, ihr Riechorgan vernünftig einzusetzen. Gut, nach allem, was ich gehört habe, scheinen menschliche Nasen denen von uns Hunden gnadenlos unterlegen zu sein. Aber mal im Ernst: Zu reinen Dekorationszwecken werden die Dinger ja auch nicht gemacht sein, oder?

Außerdem: Wenn man im Schnüffeln nicht so gut ist, muss man eben näher ans Ziel. Das funktioniert natürlich nicht, wenn man sich auf einer Hundewiese, einer Party oder sonst wo in mindestens zwölf Metern Abstand zueinander die Beine in den Bauch steht. Wenn Sie vernünftig riechen wollen, mit wem Sie es zu tun haben, müssen Sie einfach mal ran an den Mann oder die Frau.

Ja, ja, ich weiß schon: „Kann man doch nicht machen“, denken Sie jetzt wahrscheinlich. Aber ich bitte Sie: Man muss schließlich auch mal bereit sein, alte Gewohnheiten aufzugeben. Und ehrlich: Ich bin überzeugt, Sie werden feststellen, dass es Ihnen Unmengen an Lebenszeit spart, wenn Sie gleich einfach bei der allerersten Begegnung klären, ob Sie jemanden mögen oder nicht.

Am besten, denke ich, würde es mit einer spontanen Umarmung klappen: Da riecht man nämlich gleich fast alles Wesentliche. – Ich betone: *fast*. Aber in Anbetracht der eher zurückhaltenden Art von Menschen, will ich realistisch bleiben. Insofern können Sie mit dem Schnüffeln an anderen Körperteilen von mir aus auch bis zum zweiten Treffen warten. Schließlich darf man Zweibeiner ja auch nicht überfordern.

Also: Wenn Sie das nächste Mal in einem Café sitzen und Ihnen jemand am Nachbartisch sympathisch erscheint, nehmen Sie doch einfach mal all Ihren Mut zusammen. Stehen Sie auf, gehen Sie hin, schließen Sie ihn fest in die Arme – und schnüffeln Sie, ob Sie ihn mögen. Vielleicht wird er oder sie sich anfangs ein bisschen wehren – aber lassen Sie sich davon nicht beirren: Das ist ganz normal. Auch wir Hunde zieren uns manchmal ein wenig, wenn ein anderer Vierbeiner uns seine Nase ins Fell steckt – und zwei Minuten später sind wir die dicksten Freunde.

Während Sie Ihr Gegenüber festhalten, hat es dann Gelegenheit dazu, auch Ihre ganz persönliche Duftnote aufzunehmen. Und da ich weiß, dass meine Leser durchweg wunderbare Menschen sind, bin ich restlos überzeugt, dass er oder sie gar nicht anders können wird, als Sie gleich ins Herz zu schließen.

Und falls es – völlig wider Erwartens – doch nicht klappen sollte: Macht gar nichts. Gewonnen haben Sie in jedem Fall. Im Zweifel haben Sie es sich dann immerhin erspart, mit Ihrer neuen Bekanntschaft erst 34 Tassen Kaffee zu trinken, sich 18 Mal zum Grillen oder in einem Biergarten zu verabreden und womöglich noch mehrfach zusammen in den Urlaub zu düsen, nur um am Ende festzustellen, dass Sie ihn irgendwie komplett meschugge finden. Und, hey: Das wäre doch auch eine super Sache, oder? Na, also – dann mal ran an den Speck.

Mehr nächste Woche.

Mit mopsigen Grüßen,

*Ihr Eddie*

## *12. Schlaflos in Mopshausen*

Tag auch.

Ich weiß ja nicht, wie Sie zu dem Thema stehen, aber ich persönlich bin ein leidenschaftlicher Schlaf-Mops. – Nein, nicht dass Sie denken, ich würde den ganzen Tag faul auf dem Sofa rumhängen. Ich gehe gern spazieren und bin unter anderem passionierter Ball- und Frisbee-Spieler. Trotzdem: Meiner Meinung nach kann so ein gemütliches Nickerchen auf der Terrasse bei Sonnenschein nie schaden. Immerhin ist wissenschaftlich erwiesen, dass Schlaf eine super Sache für die Gesundheit ist.

Ich für meinen Teil kann das ja auch überall, also: schlafen, mein ich. Und: in jedweder noch so absurden Position. Manchmal, wenn ich nach einer langen Tour durch den Wald richtig müde bin, schlafe ich sogar im Sitzen ein, was bei Frauchen und Herrchen immer für eine Menge Lacher sorgt – nebenbei: sehr unhöflich, wenn Sie mich fragen.

In Wahrheit glaube ich aber, dass Frauchen auf meinen gesunden Schlaf bloß neidisch ist. Bei ihr scheint das nämlich eine weitaus kompliziertere Angelegenheit zu sein. Ohnehin ist sie ja eine ziemliche Nachteule – sie schreibt zum Beispiel besonders gern zu Tageszeiten, wo andere Leute sich schon zum fünften Mal gemütlich im Bett auf die andere Seite drehen. Sie wissen schon: Künstler halt.

Manchmal allerdings hat sie mit dem Einschlafen Probleme. Dann macht sie das Licht an und wieder aus, wandert ewig durchs Haus, und selbst heiße Milch mit Honig scheint nicht zu helfen. Auch dieses

„Schäfchen-Zählen" bringt dann nichts, was mich aber nicht wundert. Ich meine: In all den Jahren hier habe ich in unserem Schlafzimmer auch nicht ein einziges Schaf gesehen, wenn man mal von meinem Stoff-Lamm absieht. Und das ist ein Einzelgänger – da ist man mit dem Zählen schnell durch.

Jedenfalls hab ich Frauchen neulich gefragt, wie es denn wohl kommen mag, dass sie manchmal so schlecht einschlafen kann. Sie meinte, hin und wieder liege es daran, dass ihr nachts immer die besten Ideen kämen. Der hauptsächliche Grund für ihre Schlaflosigkeit sei aber – und nun halten Sie sich fest –, dass Herrchen, Frau Kratzbürste und ich schnarchen würden wie die Holzfäller.

Ehrlich: Ich hab nicht den geringsten Schimmer, wie Frauchen auf solche schrägen Behauptungen kommt. Zugegeben, Herrchen gibt im Schlaf manchmal Geräusche von sich, die mich entfernt an einen Traktor erinnern, der ein halbes Jahrhundert unbenutzt in der Scheune gestanden hat. Und Frau Kratzbürste? – Ja, auch die produziert nachts Töne, wie man sie so einem 3,5-Kilo-Fellknäuel eigentlich nicht zutrauen würde.

Aber, bitte: Ich soll schnarchen? Ich? – Also, das finde ich eine unverschämte Unterstellung. Mag sein, dass ich nachts dann und wann ein leises, sozusagen hauchzartes, melodisches Säuseln von mir gebe. Aber das nun als Schnarchen zu bezeichnen, entbehrt wirklich jeder Realität. Außerdem produziere ich diese Geräusche ja aus einem guten Grund: um meinem Rudel nachts zu signalisieren, dass ich da bin und es bewache. Schließlich: Wer würde nicht ruhiger schlafen, mit einem Mops als persönlichem Bodyguard? – Na, eben.

Keine Ahnung also, wieso Frauchen solche haltlosen Behauptungen in die Welt setzt. Aber gut, ihr verzeihe ich nahezu alles. Und habe mir deshalb Gedanken gemacht, was es mit dieser Schlaflosigkeit auf sich haben könnte.

Im Laufe meiner Recherchen zu dem Thema fiel mir auf, dass die Problematik fast nur Frauen betrifft. Opa, Herrchen und sämtliche Männer im Freundeskreis jedenfalls schlafen in exakt der Sekunde ein, in der ihr Kopf das Kissen berührt, während zum Beispiel Oma und diverse Freundinnen von Frauchen berichten, dass sie nachts auch manchmal lange wachlägen.

Als Frauchen sich neulich mit einer dieser Freundinnen traf, schnappte ich dann eine hochinteressante Information auf. Die Freundin sagte nämlich, bei ihr sei die Schlaflosigkeit darin begründet, dass sie häufig „ihre Sorgen mit ins Bett" nehme. Das klang doch endlich mal nach einem handfesten Hinweis!

Also suchte ich das Schlafzimmer auf, auf der Suche nach diesem nächtlichen Störenfried. Ein Hopser, und ich stand auf dem Bett, bereit, die Lage zu checken. Mit mopsig-detektivischem Spürsinn beschnüffelte ich Laken und Kissen und schaute sogar unter der Bettdecke nach. Aber: weit und breit keinerlei Spur von diesen ominösen „Sorgen". Zur Sicherheit suchte ich noch den Rest des Schlafzimmers ab. Doch wohin ich auch blickte: kein Hinweis. Ich stand also wieder ganz am Anfang.

Als ich schon fast im Begriff war, aufzugeben, ereilte uns kürzlich dieses sogenannte „Wetter-Hoch“, an das Sie sich mutmaßlich lebhaft erinnern werden: Nach nahezu drei verregneten Monaten und Eiseskälte unternahm der Frühling Anstalten, sämtliche Wärme, die er uns all die Zeit vorenthalten hatte, in nur zwei kurze Tage zu packen. Das ganze Land stöhnte unter Temperaturen von bis zu 40 Grad, und es war einfach zum Weglaufen schwül.

Leider wurde es auch nachts nicht besser – jedenfalls nicht bei uns. Auch um 2 Uhr morgens zeigte das Thermometer im Schlafzimmer über 30 Grad an, und an Schlaf war nicht zu denken. Als ich zum gefühlt 200. Mal aufstand, um mir einen kühleren Platz zu suchen, dämmerte es mir endlich: Schlaflosigkeit und Hitze stehen offenbar in unmittelbarem Zusammenhang! – Der logische Schluss: Wenn Männer jederzeit schlafen können und Frauen damit Probleme haben, muss das daran liegen, dass es ihnen einfach wärmer ist. – Wieso, war mir zwar schleierhaft, aber egal: Das Problem war erkannt, und wenn man die Ursache kennt, findet man auch viel einfacher eine Lösung.

Seither überlege ich, wie man in der Sache am besten vorgehen könnte. Klar ist: Es muss eine Art Dauer-Kühlung für Frauchen her. Meine erste Idee war die, dass Frauchen einfach vor dem offenen Kühlschrank übernachten könnte. – Allerdings dürfte es mit dem Kochen ein bisschen blöd werden, wenn mitten in der Küche ein Bett steht. Dann hab ich mir gedacht, dass man Wärmflaschen zu Kühlflaschen umfunktionieren könnte. Die könnte

sich Frauchen dann einfach umschnallen, um für Abkühlung und besseren Schlaf zu sorgen.

Dafür war Frauchen aber nicht wirklich zu begeistern. Sie meinte, es genüge ihr vollauf, dass *ich* ganztägig an ihr klebe – und verband diese Aussage mit einem scherzhaften Augenzwinkern. Keine Ahnung, was mir das nun wieder sagen soll. Schon richtig: Wann immer ich kann, schmiege ich mich auf Sofas, Sesseln und Stühlen mit vollem Körpereinsatz an sie, möglichst rund um die Uhr – und ja, auch bei 35 Grad im Schatten. Schließlich ist Hautkontakt wichtig für die Pflege der Beziehungen im Rudel.

Als ich darüber so nachdachte, blitzte bei mir die Überlegung auf, dass auch meine Kuschelei bei sommerlichen Temperaturen bei Frauchens Schlaflosigkeits-Problem nicht hilfreich sein könnte. Aber im Ernst: Es wäre ja geradezu absurd, sich vorzustellen, dass ich diese Angewohnheit aufgebe. Schließlich ist doch direkter Körperkontakt mit einem Mops durch nichts zu ersetzen, oder was meinen Sie? – Also: Ich fürchte, da muss Frauchen dann wohl durch. Ich kann schließlich auch nicht jedes Problem auf der Welt lösen. Und mal ehrlich: Was ist denn gegen so eine wunderbare Mops-Kuschelei schon ein bisschen Schlaf? – Na, eben.

Mehr nächste Woche.

Mit mopsigen Grüßen,

Ihr Eddie

## *13. Ich glaub, ich geh nach Hollywood*

Tag auch.

Sie wissen: Als Mopskolumnist sehe ich mich in der Pflicht, Ihnen immer und unumwunden die nackte Wahrheit zu sagen. Und obwohl ich prinzipiell ein großer Freund von Hoffnung und Optimismus bin, muss ich es jetzt einfach mal in aller Deutlichkeit betonen: Der Frühling war komplett für den, ehm, Mops-Popo. Und so, wie es aussieht, hat der Sommer auch nicht die allergeringste Absicht, es auch nur einen Deut besser zu machen.

Ja, ich weiß schon, Sie werden jetzt vermutlich denken: „Eddie, verzweifle nicht, das tolle Wetter kommt bestimmt!“ Aber seien wir ehrlich: Diese Klima-Propheten erzählen uns doch schon seit Monaten, dass es „nächste Woche“ nun wirklich und endlich ganz, ganz toll werden wird. Und was ist bislang daraus geworden? – Na, eben.

Als Mops geht mir das alles langsam gehörig auf den Zeiger. Dass ich persönlich ohnehin kein Fan davon bin, wenn Wasser in größeren Mengen von oben auf mich runterfällt, muss ich Ihnen ja nicht mehr erzählen. Ich glaube allerdings, man muss kein Wasser-Verweigerer sein, wie ich, um zu finden, dass das alles wirklich nur noch nervt. Ich meine: Ich bin ja noch keine vier Jahre alt. Aber zumindest im Hinblick auf diese Zeitspanne kann ich Ihnen sagen, dass ich eine derartige Zumutung in Sachen Wetter-Kapriolen noch nicht erlebt habe.

Wäre auch alles nicht so tragisch, wenn einem bei dem monatelangen Dauerregen nicht irgendwann sterbenslangweilig werden würde. Zugegeben, Frauchen gibt sich echt Mühe: Wann immer das Wetter so ist, dass wir uns draußen ohne Schwimmflügel und Ruderboote vorwärts bewegen können, gehen wir raus. Und wenn das nicht geht, zeigt sie jede Menge Phantasie bei der Mops-Indoor-Bespaßung.

Aber selbst Frisbee- und Bällchenspiele im Wohnzimmer verlieren mal ihren Reiz. Und sogar die super spannenden Suchspiele, die Frauchen gern mit mir im Haus veranstaltet, werden mit der Zeit öde – weil wir das inzwischen so oft gemacht haben, dass ich jede Ritze und Ecke im Haus auswendig kenne. Und was das neue Skateboard angeht, das ich zu Weihnachten bekommen habe: Hey, ich hatte mir unter „Rollin‘, Rollin‘, Rollin‘“ echt was anderes vorgestellt, als nun ausschließlich über die paar Meter Fliesen in der Küche zu zischen.

Weil im Garten oder auf der Terrasse zu chillen auch ausfällt, greifen wir abends zurzeit also häufiger als sonst auf die Freizeitbeschäftigung zurück, die ja angeblich landauf, landab zu den beliebtesten zählt: Fernsehen. Und ich muss offen sagen: Seit ich mich damit etwas näher beschäftigt habe, stelle ich fest, dass da doch einiges im Argen liegt.

Hunde sind im Fernsehen gnadenlos unterrepräsentiert. Wohin ich auch zappe – falls ich mir denn mal die Fernbedienung unter die Pfote reißen kann: nichts als Zweibeiner. Klar, kann man sich alles mal angucken. Aber, hey: Zumindest hin und wieder einen meiner Kumpel in einer tragenden Rolle im TV zu zeigen, kann ja wohl nicht so schwer sein, oder?

Als ich die Problematik neulich mit Frauchen erörterte, überlegte sie eine Weile und stimmte mir dann zu: Früher, meinte sie – also lange, lange vor meiner Zeit –, habe es irgendwie viel mehr Hunde im Fernsehen gegeben. So eine schicke Collie-Lady namens Lassie, zum Beispiel. Und einen Streuner, der Boomer hieß und jede Menge aufregende Abenteuer erlebte. Das hätte ich auch gern gesehen.

Stattdessen findet man Hunde fast nur noch in der Werbung. Oder in Nebenrollen. Zum Beispiel gibt es Filme, in denen ein Hund einem Polizist oder Detektiv dabei hilft, einen kniffeligen Fall zu lösen. Aber den Hauptpart gibt natürlich auch da ein Zweibeiner – völlig zu Unrecht, wie ich finde. Ernsthaft: Ohne ihre super schlauen Hundekumpel würden die Typen in diesen Filmen bei der Täter-Suche doch bis zum Sankt-Nimmerleins-Tag im Tal der Ahnungslosen umherirren.

Kürzlich lief dann so ein etwas neuerer Film – irgendwas mit Männern in Schwarz oder so... Ziemlich alberne Story mit lauter komischen Gestalten, wenn Sie mich fragen. Manche da hatten solche Tentakel oder sonst irgendein komisches Gestrüpp und Geschleime am Körper – also bei uns hab ich so welche noch nirgends zu Gesicht bekommen. Aber dann hat es mich fast vom Hocker bzw. meinem Lieblingsplatz auf dem Sofa gerissen: Da taucht doch plötzlich ein entfernter Verwandter von mir als Supergeheimagent einer fernen Galaxie in dem Film auf! Übrigens erstklassig gespielt und – meiner Meinung nach – die Hauptrolle in diesem Streifen einnehmend. Dieser Willi Schmitz und der andere Schauspieler sahen dagegen doch eher blass aus. Aber selbst diesem coolen Kerlchen haben sie nicht wirklich viel Platz im Film eingeräumt. Und ich glaube, im dritten Teil kam der nicht mal vor.

Jedenfalls hab ich mir überlegt, dass ich den Leuten in diesem Hollywood dringend mal die Meinung geigen muss. Ich meine: Überall sind wir Hunde im alltäglichen Leben doch Stars – wir helfen bei der Jagd nach Verbrechern, wir spüren nach Katastrophen Menschen auf, es gibt Rettungs- und Lawinen-Spürhunde, und und und. Ist es da zu viel verlangt, dass man uns dann und wann ein bisschen Sendezeit in diesem komischen Fernsehen abtritt?

Für den nächsten Urlaub werde ich also Frauchen und Herrchen vorschlagen, dass wir mal persönlich im Land der angeblich unbegrenzten Möglichkeiten vorbeischauen und diesen Filmbossen ins Gewissen reden. Und, hey: Falls die sich von meiner Top-Argumentation nicht überzeugen lassen sollten, fahren wir einfach weiter – nach Kalifornien oder so. Ich hab gehört, da soll es so gut wie nie regnen. Und wenn ich endlich wieder bei sonnigen Temperaturen draußen chillen kann, kann mir dieser doofe Fernseher sowieso gestohlen bleiben.

Mehr nächste Woche.

Mit mopsigen Grüßen,

*Ihr Eddie*

## *14. Von unhöflichen Aliens und anderen komischen Zeitgenossen*

Tag auch.

Sie erinnern sich – letzte Woche war ich in extraterrestrischer Mission unterwegs. Nein, ich war natürlich nicht im Weltall, aber Sie wissen schon: Ich hatte diesen Film gesehen, Männer in Schwarz oder so – den mit Willi Schmitz und dem Mops. Und da allerlei seltsame Wesen mit Tentakeln und sonstigem Geschleime gesichtet.

Jedenfalls weckte das mein Interesse an dieser ganzen Sache mit den Außerirdischen. Ich meine: Immerhin war ja selbst der Mops in dem Film offenbar von einem anderen Stern, und das beschäftigte mich natürlich schon. Gut, auf eine Begegnung mit einem dieser Tentakel-Typen wäre ich jetzt nicht zwangsläufig scharf. Aber mit so einem mopsigen Kollegen von einem anderen Planeten würde ich mich natürlich schon gern mal austauschen. Sollte es etwa wirklich mopsiges Leben im All geben?

Dass, passend dazu, letzte Woche „Welt-Ufo-Tag" war, kam mir da natürlich gerade recht. Wann schließlich sollten die Bedingungen für eine Erforschung nicht irdischen Mopslebens besser sein als an so einem offiziellen Datum? Immerhin sollte man ja meinen, dass an einem „Welt-Ufo-Tag" auch mal ein paar Aliens auf der Erde vorbeigucken, oder? Das gebietet schließlich schon die Höflichkeit.

Kaum hatte mir also meine herzallerliebste Hunde-Kumpeline Finchen von diesem Welt-Ufo-

Tag erzählt, flitzte ich wie der Wind raus, um nachzusehen, ob eventuell schon so eine schwebende Untertasse in Sicht sei. Ich meine: Hätte ja sein können, dass so ein Ding gerade zur Landung in meinem Garten ansetzte, und die Ankunft außerirdischer Möpse wollte ich natürlich keinesfalls verpassen.

War aber nix. Ich entdeckte zwar allerlei Flugobjekte rund um den Teich – wie ein zuverlässiges Weltall-Transportmittel wirkte allerdings keins von denen. Neben ein paar Spatzen und einer Elster machte ich eine Libelle aus, die zugegebenermaßen schon ein bisschen aussah, als ob sie nicht von dieser Welt sei. Aber: von Ufos und Aliens keinerlei Spur.

Dann wurde mir klar, dass es noch helllichter Tag war. Und in diesen Science-Fiction-Filmen sind die Außerirdischen ja manchmal leicht verschüchterte Typen, die nicht so auf riesiges Willkommens-Tamtam stehen und lieber im Schutz der Dunkelheit an einem ruhigen Plätzchen landen. Ich beschloss also, es am Abend noch mal zu versuchen.

Gesagt, getan. Gegen zehn Uhr schlich ich mich raus auf die Terrasse und legte mich auf die Lauer. Und wartete. Und: wartete. Ehrlich mal: Diese Außerirdischen ließen sich ganz schön Zeit. Ein paarmal keimte in mir zwar Hoffnung auf, als ich helle Lichter zwischen den Sternen aufblitzen sah. Waren dann aber doch bloß irgendwelche Urlauber auf dem Weg nach Malle.

Ich wollte schon aufgeben, als ich verdächtige und zugegebenermaßen höchst beunruhigende Geräusche vernahm – und das gleich im Gebüsch neben mir. Sollten die Außerirdischen etwa bereits gelandet sein, ohne dass ich es bemerkt hatte? – Vorsichtig näherte ich mich dem Ort des Geschehens: Eine Art Schnaufen und Scharren war da zu hören, Zweige wurden hin- und her gebogen wie von Geisterhand, doch zu sehen war nichts und niemand. Hey: Das war mir dann doch irgendwie unheimlich. Immerhin hat man ja auch schon von Aliens gehört, die echt miese Laune haben sollen, weshalb ich mich entschied, mir lieber Verstärkung in Form von Frauchen und Herrchen zu holen.

Die lagen um diese Zeit bei geöffneter Terrassentür gemütlich auf dem Sofa, eilten aber – durch mein lautes Wachmops-Bellen alarmiert – selbstverständlich auf der Stelle herbei, wie sich das für wohlerzogene Zweibeiner gehört. Und nur damit Sie nicht etwa denken, ich sei ein Angstmops: Auch den beiden war das seltsame Treiben bei uns im Gebüsch nicht wirklich geheuer. Frauchen wagte sich ein paarmal näher ran mit der Taschenlampe, während unter und hinter den Zweigen weiter lautstark geschnauft und gewühlt wurde, ging aber dann vorsichtshalber doch wieder auf Abstand.

Ich sage es Ihnen offen: Ich war beunruhigt. Außerirdisch oder nicht: Wäre das im Gebüsch ein Mops gewesen, hätte er sich – freundlich, wie wir nun mal sind – schließlich längst zu erkennen gegeben und höflich vorgestellt. Was also sonst mochte da hinter den Blättern lauern?

Schließlich machte Frauchen einen mutigen Vorstoß: Mit dem langen Stiel des Käschers, mit dem sie sonst Algen und anderen überflüssigen Kram aus dem Teich fischt, pirschte sie sich Schritt für Schritt an den Feind heran und bog schließlich leise und vorsichtig die Zweige auseinander.

Und was blickte uns da im Dunkeln aus kleinen, schwarzen Knopfaugen an? – Ein dicker, fetter Igel! Gut, ein Außerirdischer war das ohne Zweifel nicht, immerhin aber hatte ich so einen Kollegen noch nie live gesehen – und Sie kennen mich: Ich bin passionierter Naturforscher. Logisch also, dass ich mir das Kerlchen aus der Nähe angucken wollte. – Nur wollte der das irgendwie nicht. Kaum war ich bei ihm, rollte er sich einfach zu einer prallrunden Kugel zusammen. Und obwohl ich ihn mehrfach freundlich anstupste, fiel ihm nichts Besseres ein, als mir statt seiner Pfote seine piksenden, langen Stacheln entgegenzustrecken. – Ziemlich übellauniger Typ, wenn Sie mich fragen. Ganz ehrlich: Da war mir Frau Maus, die mal für eine Weile bei uns im Keller wohnte, deutlich lieber.

Ich beschloss denn auch, diesen miesepetrigen Zeitgenossen lieber in Ruhe zu lassen. Und auch das Warten auf Ufos hab ich nach diesem Erlebnis vorläufig aufgegeben. Erstens muss man nach diesem komischen „Welt-Ufo-Tag“ ja feststellen, dass die Ufo-Leute sich für irdische Daten anscheinend nicht sonderlich interessieren – was ich, nebenbei gesagt, ganz schön unhöflich finde. Immerhin hätten sie ja wenigstens mal kurz vorbeischauen können, oder? So voll kann der Terminkalender von solchen Außerirdischen ja auch nicht sein.

Und außerdem hab ich mir überlegt, dass ich vielleicht doch nicht so wild darauf bin, nun unbedingt Wesen von anderen Planeten kennenzulernen. Ich meine: Schließlich gibt es doch hier auf der Erde noch jede Menge Typen, die ich noch nicht kenne – auch wenn ich hoffe, dass die meisten davon ein bisschen netter drauf sind als dieser Igel. Und immerhin bin ich ja auch wirklich genug damit beschäftigt, all die vielen Rätsel zu lösen, die mir die ganz normalen Zwei- und Vierbeiner jeden Tag so aufgeben: Bis heute zum Beispiel ist für mich völlig unklar, wieso Menschen jeden Tag duschen – und das, wie man betonen muss, auch noch ganz freiwillig. Oder wieso Frau Kratzbürste sich neuerdings auf dem Sofa gern mal kuschelnd und schnurrend an mich ranschmeißt, nur um mich eine Sekunde später doch wieder in den Nacken zu beißen. Oder warum Frauchen bei der Rationierung meines Futters immer so sparsam ist, obwohl wir stapelweise Dosen im Schrank haben.

Sie sehen: Es gibt noch jede Menge Geheimnisse, die ich zu klären habe – auch ohne Außerirdische. Und mal ehrlich: Wenn die noch nicht mal so nett sind, am offiziellen Ufo-Feiertag vorbeizuschauen, können sie mir sowieso gestohlen bleiben.

Mehr nächste Woche.

Mit mopsigen Grüßen,

*Ihr Eddie*

# 15. Der Duft der Freiheit

Tag auch.

Haben Sie schon mal was vom „Duft der Freiheit“ gehört? – Also, ich schon. Andauernd läuft mir dieser Begriff in letzter Zeit über den Weg – in irgendwelchen Reportagen im Fernsehen, zum Beispiel, oder in Spielfilmen, in denen die Leute dann reihenweise die tollsten Sachen erleben. Manchmal ist sogar vom „süßen“ Duft der Freiheit die Rede, und irgendwie geht es dabei immer schwer aufregend und höchst abenteuerlich zu.

Wie Sie wissen, bin ich als Hund ja ziemlich nasenfixiert und deshalb schon mal per se hochinteressiert an allem, was irgendwie spannend riechen könnte. Insofern habe ich natürlich intensiv gegrübelt, was es mit diesem ominösen Duft auf sich haben könnte. Wie der wohl riechen mochte, fragte ich mich: Vielleicht nach Brathähnchen? Oder Wiener Würstchen? Möglicherweise sogar nach meiner bezaubernden Mops-Traumfrau Miley?

Leider allerdings blieben all diese Ideen monatelang blasse Theorie. Denn, logisch: In „Duft der Freiheit“ steckt „Freiheit“. Und genau der schiebt Frauchen bei mir eine Menge Riegel vor – und zwar wortwörtlich. Zum Beispiel den Riegel des Gartentörchens, um nur einen zu nennen. Überhaupt lässt sie mich nicht aus den Augen, in der Stadt schon mal gar nicht, und bei uns im Garten auch nicht. Tststs... als ob man als erwachsener Mops nicht imstande wäre, mal auf eigene Faust die Welt zu erkunden. Naja, Zweibeiner halt – völlig ungechillt und viel zu überspannt, wenn Sie mich fragen.

Jedenfalls zogen Wochen und Monate ins Land, ohne dass ich irgendeine Möglichkeit gehabt hätte, der Sache auf den Grund zu gehen. Aber als Mops bin ich ja ein geduldiger Typ – irgendwann, da war ich sicher, würde meine Chance schon kommen.

Sie kam. Und zwar gestern. Frauchen saß gerade an ihrem Schreibtisch, als ich ganz dringend mal einem, naja, natürlichen Bedürfnis nachgehen musste. Und weil Frauchen viel mehr Kaffee trinkt, als gut für sie ist, ging es ihr da ähnlich. Also machte sie mir kurz die Haustür auf, und flitzte selbst ins Bad. Normalerweise kein Problem. Sie erinnern sich: das Gartentörchen.

An diesem Tag allerdings war der Mops-Bote bei uns gewesen. Der weiß natürlich eigentlich, dass er unser Gartentörchen niemals nicht und auf gar keinen Fall offen stehen lassen darf – Frauchen hat ihn da genau instruiert. Diesmal allerdings war unser üblicher Mops-Bote wohl krank oder im Urlaub und hatte einen Vertreter geschickt. Und so trafen denn gestern zwei höchst seltene und für mich ausgesprochen glückliche Zufälle zusammen – ein nicht im Garten anwesendes Frauchen und: ein sperrangelweit geöffnetes Gartentor.

Mein großer Tag war gekommen! Endlich würde ich herausfinden, was es mit diesem geheimnisvollen „Duft der Freiheit“ auf sich hatte! Ehrlich, ich war ganz schön aufgeregt! Schnurstracks flitzte ich also vom Grundstück, bereit zu großen Mops-Abenteuern.

Auf dem Stellplatz vor dem Grundstück beschloss ich, mich vorerst nach links zu wenden. Da geht es erst mal Richtung Pferdestall und Weiden und selbstverständlich auch Richtung Straße, die irgendwie zu lauter guten Sachen führt: ins Restaurant, zum Beispiel. Oder zu Oma und Opa.

Am Briefkasten angekommen, nahm ich einen tiefen Atemzug, in Erwartung all der aufregenden Gerüche, die nun auf mich einströmen mussten. Klar: Briefkasten, Einfahrt und so, hatte ich alles schon gerochen – aber in Freiheit müssten die ja ganz anders riechen, wenn um diesen Duft doch alle so viel Wind machen, oder?

Taten sie aber nicht. Am Briefkasten nahm ich noch entfernt den Geruch des Briefträgers wahr, der das Ding immerhin täglich anfasst, an der Einfahrt die persönliche Duftnote einiger Katzen, die gern mal ungefragt über mein Grundstück streunen, außerdem die Spur meines Hundenachbarn Snoopy, der ein Haus weiter wohnt. Von Brathähnchen, Wiener Würstchen oder sonstigen Nasenfreuden weit und breit nichts zu riechen. Seltsam, fand ich.

Dann allerdings überlegte ich mir, dass – so kurz hinter der Einfahrt – vermutlich einfach noch nicht genug Freiheit ist, als dass es wirklich danach riechen könnte. Also marschierte ich erst mal Richtung Pferdestall und dann die Anliegerstraße hoch. Hier, wo es in die große, weite Welt hinausging, musste doch der Duft der Freiheit bereits deutlich wahrzunehmen sein!

Wieder nix. Roch alles total normal. Nach Pferden, Wiese, Blumen, meinem netten Nachbarn,

Opa L., und allem, was sonst so in der Gegend rumläuft.

Ehrlich: Ich war schon ein bisschen enttäuscht. Da machen die im Fernsehen so ein Brimborium um dieses Freiheitsding – und dann riecht das kein bisschen anders als sonst.

Ich war schon im Begriff, auf dem Absatz kehrt zu machen und wieder Richtung Haus zu marschieren, als ich einen spitzen Schrei vernahm. Frauchen war offenbar aus dem Bad zurück, hatte im Garten nach mir schauen wollen und dann das offene Gartentor gesehen. Keine zwei Sekunden später sah ich sie auch schon auf mich zu rennen – mit einem hoch besorgten Blick, der Erleichterung wich, als sie mich entdeckt hatte.

Bei mir angekommen, schloss sie mich in die Arme, als hätten wir uns mindestens vier Jahre nicht gesehen. Ernsthaft: Zweibeiner sind manchmal schon ein wenig überemotional, wenn Sie mich fragen. Aber: Man will ja nicht unhöflich sein. Ich ließ das Gedrücke und Geknuddel also geduldig über mich ergehen, als ich einen feinen, ganz leichten Geruch ausmachte: den von Angst nämlich, und zwar an Frauchen. Sollte sie sich tatsächlich solche Sorgen gemacht haben? Das konnte ich mir irgendwie überhaupt nicht vorstellen. Hey: Schließlich war ich kaum zwei Minuten unterwegs gewesen.

Und dann dämmerte es mir: Der Duft der Freiheit ist offenbar in Wahrheit nichts anderes als der Geruch von Sorgen. Ehrlich mal: Und dafür kriegt der extra einen eigenen Namen? Ich meine: So was Tolles sind ja jetzt Sorgen auch nicht, oder?

Wie auch immer: Zumindest hab ich wieder eins der großen Mops-Rätsel der Welt gelöst. Und festgestellt, dass eben nicht alles, was toll klingt, dann auch so großartig sein muss. Zurück im Haus jedenfalls kriegte ich von Frauchen einen riesigen Kauknochen – und ich versichere Ihnen: Dessen Duft schlug den der Freiheit um Längen. Auch der Geruch meines Sofas, auf dem ich es mir anschließend gemütlich machte, ist mir irgendwie sehr viel lieber. Und überhaupt: Dieses Freiheits-Ding wird völlig überbewertet – keinerlei Spur von Abenteuern. Noch nicht mal einen anderen Hund hab ich da draußen gesehen. Und meine Mops-Traumfrau Miley war auch nicht da.

Also: Falls wieder mal jemand das Gartentor offen lässt – mir egal. Ich bleibe schön da, wo ich bin. Wo es nach Zuhause riecht. Und nach Frauchen und Herrchen, nach Frau Kratzbürste und meinem Körbchen, meinem Sonnenplätzchen auf der Terrasse und allem, was sonst toll und gut ist im Eddie-Leben. Und nicht nach Sorgen.

Mehr nächste Woche.

Mit mopsigen Grüßen,

*Ihr Eddie*

# 16. Alles meins!

Tag auch.

Mal im Ernst: Egal, was man als Mops macht – Zweibeiner kann man nie wirklich zufriedenstellen, oder?

Wie Sie sich erinnern werden, hab ich vergangene Woche auf eigene Faust – oder vielmehr Pfote – die Welt unsicher gemacht, musste allerdings feststellen, dass der „Duft der Freiheit“ klar überbewertet wird und dass Frauchen solche Aktionen leider graue Haare bescheren. Nachdem ich nun also die Erleuchtung hatte, dass es zu Hause eindeutig am schönsten ist, ist Frauchen aber trotzdem nicht richtig happy.

Schon klar: Dass ich seither nicht mehr ausgebüxt bin, begrüßt sie natürlich. Nicht allerdings die neue Entschiedenheit, mit der ich das beste und großartigste aller Zuhause seit neuestem verteidige.

Wie Sie wissen, leben wir ja mitten im Grünen – allerdings nicht gänzlich ohne Nachbarn. Die haben vor ein paar Jahren nebenan gebaut und wühlen seither immer mal wieder an irgendeiner Ecke ihres Grundstücks rum. So auch in den letzten Tagen: Seit knapp einer Woche werde ich hier deshalb von nervigen Baggern und dem Geräusch von Schaufeln geweckt, die fies quietschend über den Kies rutschen, und das zu einer Tageszeit, zu der ich persönlich noch nicht mal die Katze durchs Treppenhaus jagen würde. Auch tagsüber ist von dem lauschigen Idyll, das mich hier üblicherweise umgibt, aktuell keine Spur mehr. Statt gechilltem Vogelzwitschern dringt nichts als Baulärm an meine flauschigen Mops-Ohren, und von dem Staub, der sich wegen all dem über meinen wunderprächtigen Garten senkt, wollen wir mal gar nicht reden.

Überflüssig zu erwähnen, dass ich als Mops natürlich überhaupt nicht gefragt worden bin, ob ich mit diesen lärmigen Baumaßnahmen in meinem Revier einverstanden bin. Es wird also jedem völlig einleuchten, dass ich derzeit mehrfach täglich meine Stimme erhebe, um gegen die unerträgliche Beeinträchtigung meiner Sonnenstunden auf der Terrasse energisch zu rebellieren. Meine Devise dabei: so laut und häufig wie möglich – irgendwann, sollte man meinen, müssen sich diese Bau-Leute davon ja beeindrucken lassen und das Weite suchen.

Für mich – und sicher auch für jeden anderen Vierbeiner auf der Welt – ist mein Verhalten natürlich rundum logisch. Nicht allerdings für Frauchen. Wann immer ich mich breitschultrig auf der Terrasse aufbaue oder in Mordstempo zum Gartentor rase, um dort einen dieser Bau-Menschen zu verbellen, verdreht sie die Augen gen Himmel und fordert mich auf, das doch sein zu lassen. Neulich bot sie mir sogar glatt an, dass ich eine Viertelstunde Auszeit im Wohnzimmer nehmen könne, um mich zu beruhigen, falls mich der Betrieb rund ums Haus zu sehr aufrege. Ist klar – „stille Treppe“ für Möpse, oder was?

Jedenfalls beweist das wieder mal, dass es Zweibeinern häufig an jedweder Einsicht in mopsige Gedankengänge fehlt. Entschuldigung, aber: Das hier ist schließlich immer noch mein Revier. Und falls Sie jetzt einwerfen wollen, dass selbiges doch wohl am Gartentörchen ende: Nein, Sie irren sich.

Was mein Revier angeht, halte ich es nämlich grundsätzlich wie die Kangals – Sie wissen schon, das sind diese coolen türkischen Riesen-Hunde, die auf Schafherden aufpassen und sich dabei jedem Feind mutig entgegenwerfen. Von denen hab ich mal gehört, dass sie grundsätzlich alles als ihren Besitz betrachten, was sie an Land überblicken können – eine prima Einstellung, die ich mir auch zu Eigen gemacht habe. Sehr entgegen kommt mir dabei übrigens, dass wir hier rund 160 Meter über dem Meeresspiegel wohnen, was Ihnen einen ungefähren Eindruck davon vermitteln dürfte, wie viele Ländereien ich hier so zu meinem persönlichen Mops-Eigentum zähle.

Vor diesem Hintergrund werden Sie nachvollziehen können, dass ich ein Anrecht darauf beanspruche, mitzureden, was auf meinem Grund und Boden vorgeht – mir doch schnuppe, ob da nun die Nachbarn in der Besitzurkunde stehen oder nicht.

Ganz abgesehen davon, betrachte ich mich selbstverständlich auch als Herdenschutzhund. Gut, meine Herde umfasst – außer mir – nur Frauchen, Herrchen und Frau Kratzbürste, außerdem Oskar, den Frosch, und seit neuestem Herrn Igel. Aber auch die wollen schließlich gegen Gefahren von außen verteidigt werden. Und Bauarbeiter sind ganz eindeutig eine Gefahr – für die Ohren auf jeden Fall.

Völlig unabhängig davon, sollte man ja eigentlich meinen, dass gerade Frauchen – die immerhin regelmäßig meine Kolumne vom Mopsischen ins

Deutsche überträgt – doch kapieren müsste, dass ich hier sehr viel mehr tue, als einfach nur stupide zu bellen. Würde sie mir mal genau zuhören, würde sie erkennen, dass ich grundsätzlich mit jedem einzelnen Kläffer detaillierte Botschaften formuliere. Zum Beispiel, dass der Postbote im Anmarsch ist. Oder dass Herrchens Auto gerade die Straße hochgefahren kommt. Oder dass das Pferd im Stall gegenüber von den vielen Bremsen genervt ist, die ständig um seinen Kopf rumsurren.

Zugegeben, in den letzten Tagen ähnelten sich diese Botschaften ziemlich und hatten meistens irgendwas zum Inhalt, das sich an die Bauarbeiter nebenan richtete und dessen genauen Wortlaut ich hier aus Gründen der Etikette lieber verschweige. Nichtsdestotrotz: Hunde-Bellen einfach als sinnloses Gekläffe abzutun, entbehrt ja nun wirklich jeder Realität.

Besonders unhöflich finde ich außerdem, dass Frauchen für die Laute, die ich da aus tiefster Mops-Kehle von mir gebe, seit neuestem einen eigenen Namen erfunden hat: Sie sagt, ich würde nicht bellen, sondern „krawöffeln“. – Keine Ahnung, was das nun wieder bedeuten soll. Ohne Frage ist meine Stimme nämlich schwer beeindruckend, äußerst männlich und zutiefst respekteinflößend. Dem Grinsen nach, das Frauchen aufsetzt, wenn sie dieses komische Wort verwendet, kann ich deshalb nur darauf schließen, dass sie was an den Ohren haben muss.

Seit heute allerdings dürfte sich dieser leicht spöttische Blick, den sie manchmal aufsetzt, wenn ich aus Leibeskräften belle, ohnehin erledigt haben. Nachdem ich nun den fünften Tag in Folge Krawall gegen diese Bau-Typen gemacht habe, ist es nämlich passiert: Vor ein paar Stunden sind sie endgültig alle abgezogen. Sogar der Bagger-Mensch hat sich in sein Führerhäuschen gesetzt und ist mit dem lärmigen Teil über alle Berge, und in meinem Garten-Idyll herrschen endlich wieder Ruhe und Frieden.

Na, also – geht doch! Denen hab ich's ordentlich gezeigt! Ich sag's Ihnen, so bald trauen die sich nicht wieder her. Und ich bin sicher: Wenn ich das nächste Mal meine Stimme gegen fremde Eindringlinge erhebe, wird Frauchens Blick voller Respekt und tiefer Bewunderung für mich sein. Und natürlich Dankbarkeit. – Ehrlich, ich finde, für diesen gloriosen Einsatz im Sinne ungestörter Garten-Freuden habe ich mir schon einen dicken Knochen verdient, oder?

Mehr nächste Woche.

Mit mopsigen Grüßen,

*Ihr Eddie*

# 17. Der Teich des Grauens, Teil 2: Das Grauen geht weiter!

Tag auch.

Ehrlich mal: Zweibeiner sind manchmal nicht *so* lernfähig, oder? Mancher von Ihnen wird sich ja daran erinnern, dass Frauchen und Herrchen hier vor einem Jahr diesen unsäglichen Tümpel in den Garten gesetzt haben. Und mutmaßlich auch daran, dass ich mal unfreiwillig in diesem garstigen Wasserloch landete und tagelang befürchtete, dass sich nun ein Baby-Molch in meinem Gehörgang einnistet oder mir ein Bart aus Fadenalgen wächst. Und falls Sie meine Kolumne auch nur in unregelmäßigen Abständen verfolgen sollten, dürfte Ihnen bewusst sein, was ich von Wasser so halte, oder? – Genau, gar nichts.

Und nun frage ich Sie: Wieso eigentlich ist es meinen Zweibeinern unmöglich, diese Tatsache zu akzeptieren? Mal im Ernst: Nachdem sie nun gefühlte zwölf Trillionen Mal versucht haben, mich mit Leckerchen und gutem Zureden in Bäche, Ozeane und sonstige überflüssige Wasser-Ansammlungen zu locken – umsonst, versteht sich – , dürfte sich ihnen doch langsam erschließen, dass das mit mir und dem Wasser nix mehr wird, oder nicht?

Aber nein, auch im dritten Jahr meiner Anwesenheit in diesem Haushalt lässt man nichts unversucht, mich von der angeblichen Großartigkeit dieses unnützesten aller Elemente zu überzeugen. Und die Methoden, die dabei angewendet werden, werden immer heimtückischer.

Diese Woche nun schlenderte Herrchen nach der Arbeit mit irgendeinem komischen Brett aufs Grundstück, knapp zwei Meter lang, unten drunter ein paar Längslatten. Erst dachte ich, er wolle das Ding vor einem von Frauchens Blumenbeeten aufstellen (sie ist manchmal nicht so begeistert, wenn ich da quer durchmarschiere). – Wollte er nicht. Die offizielle Ausrede lautete vielmehr, das sei eine provisorische Brücke über den Teich, die er verwenden wolle, um die Büsche im Beet dahinter zu beschneiden. Und um die Glaubwürdigkeit dieser meiner Meinung nach völlig an den Haaren herbeigezogenen Geschichte noch zu untermauern, hatte er noch ein Spannnetz mitgebracht – angeblich, um die herunterfallenden Blätter aus dem Teich fernzuhalten.

Hallo?! Sehe ich aus, als würde ich mich veräppeln lassen? Natürlich war mir als intelligentem Mops sofort klar, dass hinter dieser ausgeklügelten Aktion nichts anderes stecken konnte als ein neuer Versuch, mich in dieses nasse Teich-Dings zu locken.

Und was sage ich Ihnen: Kaum hatte Herrchen das Teil versuchsweise ausgelegt, ging es auch schon los. Erst setzte er sich selbst auf diese „Mini-Brücke“ und hängte die Füße ins Wasser – natürlich nicht, ohne mir die ganze Zeit zu erzählen, wie unglaublich toll und erfrischend das sei. Ich – völlig unbeeindruckt – blieb natürlich super cool am Rand stehen und würdigte ihn keines Blicks.

Und dann wurde es noch perfider: Nachdem er sich die Beine in diesem algenverseuchten Tümpel gekühlt hatte, marschierte Herrchen doch glatt in die

Küche und organisierte eine Portion Käse. Ausgerechnet Käse – das Leckerchen, dem ich am schwersten widerstehen kann. Und natürlich wanderte er mit diesem Leckerbissen gleich wieder auf das Brücken-Teil, ließ sich – nun mit Blickrichtung zu mir – auf den Knien nieder und gab alles, um mich auf dieses wacklige Bauwerk zu lotsen.

Ich muss zugeben: Es war hart. Ich kämpfte mächtig mit meinem inneren Mopshund. Aber: Meine Abneigung gegen Wasser siegte. Stattdessen bellte ich Herrchen laut an, um ihm klarzumachen, dass es eine Unverschämtheit ist, mit Käse durch die Gegend zu rennen und mir dann nur unter komplett unzumutbaren Bedingungen was davon abgeben zu wollen. Nur gut, dass ich so eine männlich-markante Mops-Stimme habe. Irgendwann nämlich sah Herrchen es – offenbar schwer beeindruckt von meiner Schimpferei – ein, gab auf und rückte endlich den Käse raus. Na, bitte, geht doch.

Trotzdem: Was, bitteschön, geht eigentlich in meinen Zweibeinern vor? Was genau hat sich Herrchen denn bei der ganzen Aktion gedacht: dass ich auf die Brücke latsche, sie als mopsiges Ein-Meter-Sprungbrett verwende und dann mal eben einen dreifachen Salto in die kühlen Massen mache? Und mich nächstes Jahr für die Mops-Sommer-Olympiade im Turmspringen bewerbe, oder wie? – Ehrlich: Es gibt Tage, da zweifle ich ernsthaft an der geistigen Zurechnungsfähigkeit meiner Menschen.

Aber es kommt noch schlimmer. Heute nämlich hab ich gesehen, wie Frauchen im Internet nach

einer dieser „Sand-Muscheln“ suchte. Pah, dass ich nicht lache: „Sand-Muscheln“! – Als ob ich nicht wüsste, dass die Dinger nur zum Schein so heißen und bloß zu Schau-Zwecken verwendet werden, um da Kinder mit Eimerchen und Schaufeln reinzusetzen. In Wahrheit sind das hundsgemeine Erfindungen, die genutzt werden, um sie mit Wasser zu füllen und anschließend harmlose Möpse bis zu den Knien im kalten Nass zu versenken! – Aber nicht mit mir! Keine einzige Pfote werde ich freiwillig in so ein Ding setzen, und wenn Frauchen sich auf den Kopf stellt! Eher werde ich Vegetarier!

Apropos „freiwillig“: Sie glauben doch nicht, dass Frauchen es fertigbringt, mich da einfach reinzustellen, oder? Gegen meinen erklärten Mops-Willen? – Also ehrlich, wenn sie das macht, rede ich kein Sterbenswörtchen mehr mit ihr. Soll sie mal sehen, wie das ist, wenn man von einem Mops ignoriert wird. Vielleicht organisiere ich auch eine Demo meiner Freunde vor unserem Gartentörchen, die lautstark für meine Rechte eintreten. Oder ich reiche eine Petition ein. Oder, noch besser: Ich beantrage einfach bis zum Ende des Sommers Asyl bei meiner Mops-Traumfrau Miley. Miley, falls du das hier liest: Du hast doch keinen Pool, oder?

Mehr nächste Woche.

Mit mopsigen Grüßen,

Ihr Eddie

# 18. Von Kuschel-Attacken und sonstigen Zumutungen des Mops-Lebens

Tag auch.

Ehrlich mal: Ich liebe Kuscheleinheiten. Ohrenkraulen zum Beispiel – davon kann ich nie genug kriegen. Oder so richtig schön von Frauchen über den Rücken geschubbert zu werden – eine Freude, vor allem an Stellen, an die man als Hund selbst nicht rankommt. Überhaupt ist Körperkontakt eine feine Sache. Ich für meinen Teil kann das ständig haben – schließlich bin ich ein Rudeltier und kein Ein-Mops-Unternehmen. Außerdem stärkt direkter Hautkontakt bekanntlich die Mensch-Hund-Bindung, weshalb ich ihn mehr oder minder ständig suche. Und ja, auch an Tagen wie heute, bei etwa 40 Grad.

Aber, bei aller Begeisterung für enges Zweibeiner-Hunde-Miteinander: Was, um Himmels Willen, haben Menschen bloß mit dieser Küsserei? Mal unter uns: Schon wenn Herrchen und Frauchen dieses Kuss-Ding miteinander machen, finde ich das äußerst seltsam und ziemlich befremdlich – das macht bloß komische Schmatz-Laute, die für nichts gut sind und irgendwie in den Ohren zwicken, und außerdem finde ich komplett doof, dass dieses Küssen immer eine reine Zwei-Personen-Angelegenheit ist, bei der ich ausgeschlossen bin. Wenn es mir zu viel wird, kommentiere ich dieses überflüssige Geknutsche deshalb auch mit einem ordentlichen Kläffen, um Frauchen und Herrchen klarzumachen, dass es jetzt mal wieder gut ist.

Noch schlimmer ist es allerdings, wenn ich selbst Opfer einer solchen Kuss-Attacke werde. Dann und wann nämlich kriegt Frauchen diese Anflüge von überbordender Zärtlichkeit. Dann drückt und knuddelt sie mich, herzt und kost mich, als ob es kein Morgen gäbe, und drückt mir immer wieder Küsse auf die Stirn und in den Nacken. Manchmal sagt sie dann sogar Sachen wie die, dass ich einfach zum Fressen sei, was ich – offen gestanden – ein wenig beunruhigend finde.

Der Superlativ dieses Knutsch-Irrsinns ist allerdings ein Ritual, das – dem Vernehmen nach – in Herrchens und Frauchens Haushalt eine lange Tradition hat und das anscheinend schon diverse Vierbeiner vor mir hier durchleiden mussten. Frauchen und Herrchen nennen es „Familienkuscheln" oder wahlweise auch „Zwangsbeschmusung". Als Mops ist man vor diesem höchst nervigen Übergriff nie und nirgends sicher – es kann immer und überall passieren: auf der Terrasse, im Wohnzimmer, sogar im Auto. Oder wenn man völlig harmlos in der Küche rumsteht, in der Hoffnung, dass beim Kochen vielleicht was Essbares für einen abfällt.

Wenn man Glück hat, erkennt man die Alarmsignale als Mops rechtzeitig: Wenn Frauchen zum Beispiel diesen verliebten Blick bekommt und mir zusäuselt, wie unfassbar süß ich doch sei, weiß ich, dass es allerhöchste Zeit ist, das Weite zu suchen. Klappt allerdings nicht immer. Meistens nämlich geschieht es urplötzlich: Ohne jedes vorherige Warnzeichen, strecken sich einem dann Herrchens oder Frauchens Hände entgegen und man wird hochgehoben – ob man will oder nicht. Und dann kesseln sie einen zu zweit ein, überwältigen einen mit Knuddlern und Küssen, als stünde der Weltuntergang kurz bevor und man habe höchstens noch zwölf Sekunden Zeit, sich endgültig und für immer voneinander zu verabschieden.

Es sind diese Momente, in denen ich mir – mehr denn zu irgendeinem Zeitpunkt sonst in meinem Mops-Leben – wünsche, ein großer Hund zu sein. Und wenn ich „groß" sage, meine ich *wirklich* groß. Eine männliche Bordeaux-Dogge zum Beispiel kann, soweit ich informiert bin, durchaus 80 Kilo auf die Waage bringen, und ich bin mir völlig sicher, dass keine Bordeaux-Dogge der Welt jemals einer doofen Zwangsbeschmusung zum Opfer gefallen ist. 80 Kilo verschaffen einem Respekt. Mit 80 Kilo wird man nicht mal eben hochgehoben. Und wenn man knurrt, nehmen einen die Leute ernst. Wäre ich eine Bordeaux-Dogge oder auch ein Kangal, wäre ich vor solchen Eingriffen in meine Intimsphäre geschützt. Aber als Mops mit gerade mal 9 Kilo: Was will man da schon tun? Man ist solchen heimtückischen Knutsch-Attacken völlig wehrlos ausgesetzt. Man kann nur abwarten und hoffen, dass es möglichst schnell vorbeigeht.

Das einzig Gute an der Sache – wenn davon überhaupt die Rede sein kann – ist der Umstand, dass, wie auch sonst im Leben, geteiltes Leid sonstige Feinde eint. Denn: Natürlich ist auch Frau

Kratzbürste vor diesen Kuss- und Kuschel-Bombardierungen nicht sicher. Auch sie muss damit leben, dass sie sich – eben noch gemütlich auf einer Sofa-Lehne chillend – plötzlich umzingelt findet und förmlich mit Liebe erdrückt wird.

Frauchen und Herrchen sind ja ernsthaft der Überzeugung, Madame Katze fände das eine super Sache. Mir dagegen reicht in solchen Situationen ein einziger Blick in ihre Augen um festzustellen, dass sie gerade abwägt, ob sie es wohl schafft, mit ihrer Tatze die Telefontasten für den Notruf zu betätigen, um die Männer in den weißen Jacken zu alarmieren. Und auch wenn sie mich sonst meistens anguckt, als ob sie meine Anwesenheit im Haus ungefähr so sinnvoll und nutzbringend fände wie die Erfindung des „Welt-Pups-Tages“, erkenne ich in ihren Augen doch manchmal einen Anflug von Mitgefühl, wenn es mich mal wieder erwischt hat.

Immerhin also weiß ich durch diese Zwangs-Beknutscherei, dass die Katze mich gar nicht so hasst, wie sie immer vorgibt. Und, ja, dass Frauchen und Herrchen mich liebhaben und es nicht bös meinen, ist mir natürlich auch klar. Trotzdem: Ich bin ganz froh, dass dieses Ritual bei uns immerhin nicht täglich zelebriert wird. Würde ja kein Schwein, ehm, Mops, aushalten so was. Pff – küssen. Keine Ahnung, wozu Menschen das erfunden haben.

Andererseits: Irgendwie frage ich mich ja schon manchmal, ob diese ganze Knutscherei – freiwillig und unter den richtigen Voraussetzungen, versteht sich – eventuell auch Vorteile haben könnte. Soll ja eine schwer romantische Sache sein und sich international großer Beliebtheit erfreuen. Auch im Fernsehen machen die Leute das andauernd und mit einer Begeisterung, als würden sie dafür sogar ein Glas Wiener Würstchen locker links liegen lassen.

Vielleicht also ist doch was dran an dieser Sache mit dem Küssen. Mit meiner Mops-Traumfrau Miley würde ich es deshalb eventuell mal auf einen Versuch ankommen lassen. Ich sehe es schon vor mir, wie wir zwei bei Sonnenuntergang am Teich... Hach, ehrlich, es wird mal wieder Zeit für ein Mops-Date.

Mehr nächste Woche.

Mit mopsigen Grüßen,

Ihr Eddie

## 19. Vom Ernst des Lebens – und mopsigen Gegenmaßnahmen

Tag auch.

Neulich war ich mal wieder auf der Hundewiese. Das Publikum dort variiert, meistens trifft man da aber das eine oder andere bekannte Gesicht. Diesmal allerdings gesellte sich ein Unbekannter zur Runde – Tyson, 16 Wochen alt. Cooler Typ eigentlich. Sie wissen schon: Welpe halt. Nett anzusehen, lustig drauf und von einer Begeisterung für alles und jeden, als hätte ihm jemand ein Pfund Kaffee zum Frühstück serviert. Einzig nervtötend war seine Angewohnheit, mit seinen spitzen Welpenzähnchen an meinen Flauschohren rumzuzerren, weshalb ich irgendwann beschloss, lieber Abstand zu halten.

Das wiederum gab mir Gelegenheit, Tyson und sein Frauchen ein wenig zu beobachten, wobei ich folgende interessante Feststellung machte: Wann immer sich Tyson irgendwo hinhockte, um zu strullen (Beinchen heben hatte er noch nicht drauf), geriet sein Frauchen in Ekstase. Tyson wurde mit Lob überhäuft, was für ein absoluter Prachtbursche und rundum großartiger Hund er doch sei und wie unglaublich toll und wunderbar er das gemacht habe. Und dann kramte die Gute doch glatt Leckerchen aus einem mitgebrachten Beutel.

Leckerchen fürs Pinkeln? Im Ernst? – Von solcher Großzügigkeit wollte ich auch profitieren! Ich marschierte also los, hob lässig das Bein und markierte einmal quer über Tysons Spur. Anschließend setzte ich mich brav vor sein Frauchen und blickte sie erwartungsvoll an. Und die? – Starrte freundlich, aber irritiert zurück, offenbar ohne jeden Schimmer, was ich von ihr wollte. Mit den Augen versuchte ich ihr zu signalisieren, dass ich für die Nummer auch gern was aus ihrem famosen Beutel hätte – und fürs Beinheben bitteschön einen Extra-Happen. Aber sie schien schwer von Begriff.

Und dann dämmerte es mir: Mir fehlte der Welpenstatus – jener wunderbare Zustand im Hundeleben, in dem sämtliche Frauchen schon völlig ausflippen vor Begeisterung, wenn man mal fünf Minuten keinen Mist baut.

Auf dem Rückweg nach Hause dachte ich zurück an diese Phase meines mopsigen Daseins. Die ersten sechs Monate hab ich nur noch schemenhaft im Kopf, weil ich da noch nicht bei Frauchen war, und mein Mops-Leben ja eigentlich erst mit ihr so richtig anfing. An die Zeit, nachdem sie mich aus dem Tierheim geholt hatte, kann ich mich allerdings noch sehr gut erinnern. Ich selbst hatte damals noch nicht gelernt, dass im Wohnzimmer zu strullen irgendwie keine so gute Idee ist, weshalb Frauchen es mir einfach beibrachte, wie man das bei einem ganz kleinen Welpen macht. Häufig raus, und draußen loben, loben und nochmal loben.

Rückblickend muss man sagen, dass das eine wunderbare Zeit war – jedenfalls für mich. Weil ich damals noch überhaupt nichts konnte, noch nicht mal die einfachsten Dinge wie „Sitz“ oder „Platz“, war jeder noch so geringe Lernerfolg für Frauchen und Herrchen ein Quell nicht enden wollender Freude. Leckerchen regnete es zuhauf, jedes draußen verrichtete Geschäft gab Anlass zu Luftsprüngen, und wann immer ich irgendwas Neues lernte, wurde ich bejubelt wie ein Sechsjähriger bei der Einschulung. Als ich zum ersten Mal einen ganzen Nachmittag *keinen* Stein aus dem Kiesbett unter der Terrasse entführte und wir eine ganze Woche *nicht* beim Tierarzt waren, weil ich wieder irgendeinen Blödsinn gefressen hatte, verdrückte Frauchen Freudentränen. Und jeder meiner Schritte wurde für die Nachwelt auf Foto oder Video gebannt. – Logo, wird die Leser von Geschichtsbüchern in ein paar hundert Jahren sicher brennend interessieren, wann ich zum ersten Mal mein Bein an einem Baum hob...

Heute muss ich feststellen, dass die Begeisterung meiner Zweibeiner über meine zweifelsohne gloriosen Fähigkeiten bedeutend abgenommen hat. Keinerlei Standing Ovations mehr, wenn ich „Sitz" oder „Platz" mache, und auch für mein gekonntes „High Five" ernte ich höchstens mal ein unmotiviertes „Fein!". Selbst die Tatsache, dass ich brav vor meinem Napf warte, bis ich ein „Go" höre, motiviert hier kein Schwein mehr, deshalb zu applaudieren oder mich mit „Bravo"-Rufen zu überschütten. Und dass sich Frauchen zuletzt darüber gefreut hat, dass ich *keinen* Kieselstein verschluckt habe, ist auch locker zwei Jahre her.

Irgendwie, ich sage es ganz offen, fühle ich mich veräppelt. Mal ehrlich: Als Hund interessiert mich dieser ganze „Sitz"- und „Platz"-Kram doch nicht die Spur – hab ich alles nur aus purer Höflichkeit gelernt. Naja, und aus Sorge, dass mir sonst irgendwann einer dieser komischen „Hundeflüsterer" ins Haus kommt. Und was ist der Dank? Man nimmt meine mit Bravour erlernten Fähigkeiten einfach selbstverständlich hin! Leckerchen: Fehlanzeige – oder nur in Ausnahmefällen.

Ich bin der Meinung: So geht es nicht! Bei der ganzen Erziehungssache ziehen doch am Ende wir Hunde den Kürzeren. Hätte ich mir ein paar Jahre Zeit gelassen, diesen ganzen Krempel zu lernen, würde ich heute noch mit leckeren Häppchen belohnt, bloß weil ich mich auf Kommando flach auf den Boden lege. Und würde ich nicht jedes Mal brav mitmachen, wenn irgendjemand „Nein", „Runter" oder „Aus" sagt, gäbe es bestimmt auch endlich mal wieder Beifall, wenn ich's dann doch tue.

Habe mir deshalb überlegt, dass ich über die ganze Sache mit dem „Aufs-Wort-Hören" dringend nochmal nachdenken muss. Beim nächsten Mal, wenn Herrchen zur Begrüßung ein cooles „High-Five" von mir will, könnte ich mich zum Beispiel einfach doof stellen. – High-Five? Bitte, wie? Nie von gehört… Oder ich bleibe demnächst einfach stupide stehen, wenn Frauchen mir ein fröhliches „Sitz" entgegenwirft. Soll sie mal sehen, wie sie mein strammes Mops-Hinterteil auf den Boden kriegt, wenn ich mich dagegen stemme.

Wenn ich diesen Maßnahmen-Katalog lang genug durchhalte, werden sich die beiden zweifelsohne fragen, wieso. Und weil sie wissen, dass man bei uns Hunden am besten mit Motivation arbeitet, werden wir nochmal ganz von vorn anfangen mit dem Lernen. Und da ich ja inzwischen ein erwachsener Hund bin, wird sich sicher jedem sofort erschließen, dass ich – leider, leider – einfach nicht mehr so lernfähig bin wie ein Welpe. – Doch, ehrlich, so was kann sich hinziehen. Monate, vielleicht sogar Jahre.

Der einzig denkbare Haken an meinem Plan ist der, dass Frauchen und Herrchen relativ gechillte Typen sind. Durchaus möglich, dass sie, wenn ich nicht mehr „Sitz“ oder „Platz“ mache, einfach mit den Schultern zucken und sich sagen: „Dann halt nicht, auch nicht tragisch.“

In dem Fall bliebe mir als letzte Geheimwaffe immer noch die Möglichkeit, einfach mal wieder am Kamin im Wohnzimmer das Bein... – Gut, das wäre eine drastische Maßnahme, zu der ich natürlich nur im Notfall greifen würde. Aber, hey: Wenn man als Hund im Leben was erreichen will, darf man nicht zimperlich sein. Außerdem ist es ja nun auch nicht meine Schuld, dass Menschen viel leichter durch negative als durch positive Erlebnisse lernen, oder? – Okay, versprochen: Vorher versuche ich es vielleicht einfach mal wieder, indem ich Frauchens Schuhe entführe. Hab ich schon ewig nicht mehr gemacht. Oder ich knabbere ein bisschen an ihren frisch gepflanzten Kräutern rum – danach duftet man als Mops immer so frisch. Hach, ich sehe schon, die Möglichkeiten sind nahezu unendlich... Ich halte Sie auf dem Laufenden.

Mehr nächste Woche.

Mit mopsigen Grüßen,

*Ihr Eddie*

Tag auch.

Gemeingefährliche Labrador-Welpen, angriffslustige Killermöwen und Sand und Wasser an Körperteilen, dic ich hier aus Gründen der Etikette nicht konkreter benennen möchte: So lautete meine Bilanz vor einem Jahr nach dem Sommer-Urlaub am – igitt – Meer. Wer die Kolumnen von damals kennt, wird wissen, dass ich diesem Ferien-Horror nur entkam, weil mein Unterbewusstsein mich veranlasste, mir eine Kralle im Sisal-Teppich einzureißen. Was letztlich dazu führte, dass ich endlich von stundenlangen Gewaltmärschen und sonstigen überflüssigen Freizeitbeschäftigungen verschont wurde, für die man als Mops eigentlich Kilometergeld und Gefahrenzulage kriegen müsste.

Jetzt steht er wieder vor der Tür, der Urlaub. Frauchen und Herrchen haben heute für die nächsten zwei Wochen den letzten Arbeitstag, und entgegen meinem Wunsch, diesmal Ferien an einem ruhigen, trockenen Plätzchen – wie einer ausgedienten Bärenhöhle – zu machen, würden sie auch diesmal am liebsten ans Meer fahren. Wie gesagt: würden. Werden sie aber nicht.

Zu verdanken habe ich diesen Umstand jemandem, von dem ich wirklich am wenigsten damit gerechnet hätte, dass er mir je zur Hilfe eilen würde: Frau Kratzbürste. Wie Sie wissen, ist dieses mir sonst wenig freundlich gesonnene Wesen steinalt – ungefähr 200 oder so –, an sich aber trotzdem topfit. Inzwischen hat auch sie aber mit dem einen oder anderen Zipperlein zu kämpfen, für das sie täglich eine Pille benötigt. Wäre an sich kein Ding, wenn Frau Katze nicht jedes Mal einen mittelschweren Aufstand proben würde, wenn Herrchen und Frauchen ihr diese Tablette einverleiben wollen. Das Theater, das sie dabei veranstaltet, lässt sich vermutlich am simpelsten beschreiben, wenn Sie sich einfach die Bilder größerer Staatsumstürze im Fernsehen ins Gedächtnis rufen. Bis die Pille wirklich da ist, wo sie hin soll – im Katzenbauch nämlich –, steht hier kaum noch ein Stein auf dem anderen, und meine Zweibeiner wirken ungefähr so entspannt, als hätten sie gerade einen Elektrozaun gestreift oder versehentlich 20 Tassen Espresso konsumiert.

Da ich Frau Kratzbürste kenne und dann und wann ein paar Worte mit ihr wechsle, weiß ich natürlich, dass die Tablette sie in Wahrheit nicht die Bohne kratzt. Allerdings hat sie spitzbekommen, dass das Ding in umso wohlschmeckendere Leckereien verpackt wird, je öfter sie es ausspuckt. Also macht sie sich jeden Tag einen Spaß daraus, unseren Zweibeinern dabei zuzuschauen, wie sie das Ding nacheinander in Lachs, Krabben, Käse und sonstige Gaumenfreuden wickeln. Irgendwann nimmt sie das Teil natürlich auch – aber eben erst, wenn sie satt ist. Man kann dieser Katze vieles nachsagen, aber: Blöd ist sie nicht.

Jedenfalls sind Frauchen und Herrchen zu der Ansicht gekommen, dass man das nervenaufreibende Prozedere der Tablettenverfütterung keiner Mutter, Schwiegermutter oder Nachbarin zumuten kann, weshalb wir unsere Urlaube vorläufig, der Katze zuliebe, zu Hause verbringen.

Ehrlich: Mir persönlich kommt das sehr gelegen. Da Sie meine Einstellung zu Wasser kennen, werden Sie verstehen, dass ich Meer, Seen und sonstige Ansammlungen dieses feuchten Elements für grob überschätzt halte, und hey: Bloß weil die Häuser und Straßen woanders ein bisschen anders aussehen, brauche ich persönlich nun keinen Urlaub in einer fremden Stadt. Mal ganz im Ernst: Grob ein Drittel der Ferien verbringt man doch sowieso im Stau auf dem Weg dahin oder zurück, oder man sitzt in irgendwelchen öden Straßencafés, in denen der Kaffee kein Stück besser schmeckt als zu Hause auch. Ganz davon abgesehen, haben Menschen im Urlaub ja die unschöne Angewohnheit, sich in Kleidungsstücke zu zwängen, in denen sie zu Hause noch nicht mal freiwillig in den eigenen Garten gehen würden, und mal unter uns: Wer will das sehen? – Ich meine, ich möchte hier wirklich niemandem zu nah treten und so, aber: Bloß weil Ferien sind und es heiß ist, presse ich meinen 9-Kilo-Astralkörper doch auch nicht plötzlich in ein Kleidchen, das in allen Regenbogenfarben schillert, von oben bis unten mit Strass-Steinchen beklebt ist und der Größe und Farbgebung nach eindeutig für eine Meerschweinchen-Discoqueen vorgesehen war – Sie verstehen, was ich meine.

Jedenfalls habe ich vor, meinen Urlaub ausgiebig zu genießen: Endlich kein lästiges Wecker-Läuten mehr zu Tageszeiten, zu denen man als Mops noch nicht mal seinem ärgsten Feind ein Würstchen klauen würde. Und natürlich hoffe ich auf ausgiebige Sonnenstunden im Liegestuhl.

Meine einzige Sorge ist, dass es Frauchen und Herrchen langweilig werden könnte, wenn sie zwei Wochen zu Hause rumsitzen. Schließlich: 20 sind die beiden ja nun auch nicht mehr. Ich muss also schon ein bisschen darauf achten, dass sie mir hier nicht einrosten.

Selbstverständlich werde ich deshalb zusehen, dass ich sie regelmäßig mit Spaziergängen, Frisbee-Spielen und Bällchenwerfen auf Trab halte. Aber da wir das auch sonst täglich machen, denke ich, dass ich mir für den Urlaub ein kleines Zusatzprogramm einfallen lassen muss.

Erfreulicherweise ist mir erst letzte Woche in den Sinn gekommen, dass es ohnehin an der Zeit ist, ein paar unserer häuslichen Gepflogenheiten gründlich in Frage zu stellen. Sie erinnern sich: Mir war aufgefallen, dass Welpen für jeden noch so minimalen Erfolg – wie ein einfaches „Sitz“ oder „Platz“ – mit Leckerchen überhäuft werden, während ich als erwachsener Hund fast übers Wasser wandeln muss, um damit noch irgendwen hinterm Ofen vorzulocken. Was mich dazu veranlasste zu überlegen, ob ich nicht den einen oder anderen Trick, den ich in Wahrheit längst aus dem Effeff beherrsche, einfach mal wieder spontan „verlernen“ sollte, um fürs Neu-Lernen dann auch neue Leckerchen abzustauben.

Ich finde: Für genau dieses Projekt – meine mopsige Haus-Rebellion – ist doch der anstehende Urlaub wie gemacht, oder? Falls Frauchen und

Herrchen in den kommenden zwei Wochen Anstalten machen sollten, auf dem Sofa oder dem Liegestuhl festzuwachsen, hab ich mir deshalb überlegt, dass ich einfach spontan von einer akuten Kurzzeit-Vergesslichkeit befallen werde: Wie von Zauberhand werden mir Worte wie „Nein!“ oder „Aus“ plötzlich völlig unbekannt vorkommen – optimalerweise dann, wenn gerade ein frischer Pflaumenkuchen auf dem Wohnzimmertisch steht. Oder wenn Herrchen das Grillfleisch wieder mal auf diesem herrlich niedrigen Hocker im Garten abstellt. Und auch meine früheren Sport-Einlagen mit Frauchen könnte ich eigentlich mal wieder aktivieren: Praktischerweise zieht sich der Kamin bei uns ja mittig durchs Wohnzimmer, was dazu führt, dass man stundenlang im Kreis darum herum laufen kann. Als ich erst ein paar Monate alt war, haben Frauchen und ich das fast täglich gemacht: Ich vorneweg, mit einem Schuh, Frauchens BH oder sonstigen lustigen Dingen im Maul, sie immer hinterher. Wirklich: Höchste Zeit, dass wir uns diesem spaßigen Hobby wieder intensiver widmen.

Sie sehen, Sie müssen sich keinerlei Gedanken um uns machen: Auch im Heimaturlaub wird es Frauchen, Herrchen, der Kratzbürste und mir garantiert nicht langweilig werden – dafür werde ich schon sorgen. Nicht ganz sicher bin ich mir dagegen, ob Frauchen in den nächsten beiden Wochen zum Diktat für meine mopsige Kolumne antreten wird. Falls nicht und sofern es Ihnen ohne meine allwöchentlichen Abenteuer langweilig werden sollte: Lesen Sie doch einfach Ihrem Hund diese Folge hier vor – ich bin sicher, dass auch Ihr vierbeiniger Mitbewohner jederzeit bereit ist, spontan zu vergessen, dass er eigentlich schon erwachsen ist, und Ihnen mithilfe meiner Tipps in Sachen Freizeit-Vergnügen ein wenig auf die Sprünge zu helfen. Sie wissen doch: Für unsere Zweibeiner tun wir Hunde einfach alles!

Mehr nächste Woche – oder nach dem Urlaub.

Mit mopsigen Grüßen,

Ihr Eddie

# 21. Mopsiges Urlaubs-Logbuch, Teil 1

*Wochenende, 1. + 2. Urlaubstag:*

Okay, eigentlich gelten Wochenenden gar nicht als Urlaub – weil, da hat ja eh jeder frei. Lasse das aber ausnahmsweise durchgehen, weil ich Wochenenden liiiiiiiebe! Punkt eins auf der Tagesordnung: auf der Couch liegen. Punkt zwei: Pflaumenkuchen essen – hoffe, ich kriege auch was ab. Punkt drei: Frisbee durchs Wohnzimmer werfen lassen. Punkt vier: auf Frauchen liegen und die Ohren gekrault bekommen. Bin begeistert. Urlaub ist toll.

*Montag, 3. Urlaubstag:*

Hatte mich eigentlich gefreut, dass wir die Ferien zu Hause und nicht wieder an diesem doofen Meer verbringen. Weiß noch nicht, ob es ein super Tausch war, dass das Wasser dafür jetzt in Sturzbächen vom Himmel fällt. Erinnert mich fatal an den Beginn des letzten Urlaubs, wo es 14 Tage durchregnete. Dachte eigentlich, ich tröste mich damit, dass wir dadurch noch einen weiteren faulen Tag auf dem Sofa verbringen. Stattdessen hat Frauchen vorhin Staubsauger und Putzeimer ausgepackt. Hallo?! Hausputz im Urlaub? Mal ganz im Ernst: Wenn ich nicht mit Bestimmtheit wüsste, dass Frauchen und Herrchen nur einen Eddie und eine Kratzbürste besitzen, würde ich behaupten, die haben nen Vogel. Habe versucht, diesen Unfug durch Entwenden von Besen und Handfeger zu unterwandern – wurde erwischt, Mist. Statt himmlischer Ruhe, Slalom-Rennen um schwappende Putzeimer. Werde Tage benötigen, um meine Mops-Haare wieder überall gleichmäßig im Haus zu verteilen.

*Mittwoch, 5. Urlaubstag:*

48 Stunden nach dem Hausputz – die Mops-Haar-Quote im Haus ist wieder auf einem annehmbaren Pegel. War ein gutes Stück Arbeit – immer wieder jedes einzelne Zimmer abgegangen, in sämtlichen Ecken geschüttelt und gewälzt, mich auf Sofas gefläzt und an Kissen gerieben. Jetzt ist das Haus endlich wieder als Mops-Haus erkennbar, dafür fühle ich mich wie nach einem Marathon. Zusätzlich ist auch noch Frauchen die ganze Nacht rumgewandert, weil sie Zahnschmerzen hatte – habe natürlich aus Solidarität auch kein Auge zugetan und bin mitgewandert. Weil sie solche Angst vorm Zahnarzt hat, hab ich ihr gesagt, sie soll ihm ein Exemplar meines Buchs mitnehmen, damit er ihr nicht wehtut. Sie war da skeptisch, hat aber gesagt, sie versucht's. Ergebnis: Er hat nicht gebohrt! – Hah! Überlege, ob ich das demnächst auch bei meinem Tierarzt versuche, wenn der an meine Ohren will oder sonst irgendwas Doofes mit mir vorhat.

*Donnerstag, 6. Urlaubstag:*

Kein Hausputz, kein Zahnarzt, dafür strahlender Sonnenschein. Mehrstündiger Ausflug ins Grüne – war mal wieder fällig, muss schließlich an der Ausdehnung meines Reviers arbeiten. Unterwegs diversen anderen Hunden dank meiner aufsehenerregenden Statur und beeindruckender Blicke klargemacht, dass ich der Chef im Ring bin – der Wald gehört mir. Anschließend beim Marsch durch die Innenstadt dasselbe versucht, aber an der

Masse der dort wohnhaften Konkurrenten gescheitert. Bin froh, dass ich kein Stadthund bin – da muss man ja dankbar sein, wenn man sich als Hund einen einzigen Laternenpfahl als Revier sichern kann. Abends beim Stamm-Spanier essen gewesen. Hatte darauf gehofft, dass Frauchen und Herrchen angesichts der Urlaubsstimmung etwas großzügiger Leckerchen verteilen als sonst, aber nein: Sie sind geizig wie immer. Habe bloß ein paar Brotkrumen abgekriegt, das Hähnchen hat Herrchen ganz allein gegessen. Immerhin gibt es hier keine angriffslustigen Killermöwen, die einem jeden Brötchenkrümel abjagen, wie im letzten Urlaub.

*Freitag, 7. Urlaubstag:*

Beim Aufwachen eine Reisetasche im Flur vorgefunden – offenbar fahren wir doch noch weg. War zunächst etwas beunruhigt – immerhin sind es von uns aus kaum zweieinhalb Stunden bis ans Meer. Frauchen hat mir aber versichert, dass wir nur einen Kurztrip machen und dass es da, wo wir hinfahren, keinen Strand gibt. Habe daraufhin freudig damit begonnen, mein gesamtes Spielzeug anzuschleppen – schließlich will man auch auf Reisen eine gewisse Auswahl haben. Frauchen war aber der Meinung, dass zwei bis drei Spielzeuge reichen – tststs, Zweibeiner, keine Ahnung von mopsigen Bedürfnissen... Immerhin: Habe gesehen, dass Hundefutter ins Auto getragen wurde. Bin beruhigt. Werde zumindest keinen Hunger leiden. Zweiter Pluspunkt des Ausflugs: Frau Kratzbürste bleibt zu Hause, Frauchens Freundin kommt und passt auf sie auf. Die Freundin glaubt, sie mache Kurzurlaub bei uns – bin gespannt, ob sie das nach einem Wochenende mit Frau Kratzbürste noch immer so sieht. Wie auch immer: Werde am Wochenende Kapitän der Landstraßen sein und die Republik erobern. Muss unbedingt daran denken, meiner Miley von unterwegs eine Postkarte zu schreiben.

Frage mich, ob man sich andere Städte wohl dauerhaft als Revier sichern kann, wenn man nur für einen Wochenendtrip da ist. Möglicherweise hilft eine Verdoppelung der sonst üblichen Markierungen. Wenn es klappt, wäre ich der vermutlich weltweit einzige Mops mit Zweit-Revier. Wird wahrscheinlich eine Menge Arbeit machen, aber als Mopskolumnist darf man nicht zimperlich sein. Werde sämtliche Schritte des Experiments in meinem Urlaubs-Logbuch festhalten, um andere Hunde an meinen Erkenntnissen teilhaben zu lassen. Falls es hinhaut, lasse ich mir das Verfahren eventuell patentieren.

Mehr nächste Woche, im zweiten Teil meines Ferien-Tagebuchs.

Mit mopsigen Grüßen,

*Ihr Eddie*

## 22. Mopsiges Urlaubs-Logbuch, Teil 2

*Samstag, 8. Urlaubstag:*

Obwohl eigentlich geplant war, dass wir die Ferien zu Hause verbringen, sind wir gestern Abend zu irgendeinem komischen Kurztrip aufgebrochen. Glaube, dass unsere Urlaube unter keinem guten Stern stehen, hingen schon wieder stundenlang im Stau – Autofahren ist langweilig. Erst spät abends in einem Kaff angekommen, das ich nicht kenne, und direkt in ein Restaurant marschiert. Spät nachts ins Körbchen gefallen. War so müde, dass ich noch nicht mal mehr dazu kam, das Hotelzimmer näher unter die Lupe zu nehmen.

Habe das heute Morgen natürlich sofort nachgeholt. Ergebnis: Weiß nicht, was Zweibeiner an diesen Hotels finden. Unsere Räumlichkeiten bestehen nur aus zwei Zimmern – Schlafzimmer und Bad. Bäder sind sowieso total überflüssig, außerdem fehlen die wichtigsten Räume: Küche und Wohnzimmer. Wo, bitteschön, werden denn hier meine Mahlzeiten zubereitet? Und wo ist überhaupt mein Sofa? – Überhaupt nicht auf Mops-Bedürfnisse zugeschnitten, diese Hotel-Dinger.

Egal. Werde mich auf meine wichtigste Mission konzentrieren: Aufbau eines Zweit-Reviers. Nach dem Frühstück beim ganztägigen Marsch durch die Stadt zugesehen, dass ich an jedem Laternenpfahl, jeder Mauer und überhaupt überall mein Bein hebe. Erste Schwäche meines Plans: Wir sind so lange durch die Stadt gelaufen, dass mir irgendwann die

Munition ausging. Zweites Problem: Der Regen verwischt andauernd meine schönen Spuren. Bin frustriert. Werde morgen von vorn anfangen müssen.

*Sonntag, 9. Urlaubstag:*

Keine Besserung der Lage in Sicht. Es regnet in Strömen, was sämtliche Pläne der Revier-Ausdehnung hinfällig macht. Außerdem habe ich dank aufmerksamen Witterns festgestellt, dass irgendwo in dieser Urlaubsstadt noch mehr Wasser sein muss als das, was von oben kommt. Fürchtete zuerst, Frauchen habe mich veräppelt und wir seien doch an dieses ätzende Meer gefahren. Dann aber rausgefunden, dass es sich nur um einen Fluss handelt, was nicht ganz so tragisch ist. Finde Flüsse viel weniger angriffslustig als das Meer, das einen ständig mit dieser fiesen Brandung anspringt.

Im Laufe des Tages aber eine erschreckende Entdeckung gemacht: Der Fluss fließt von allen Seiten um die Stadt! Wir sind auf einer Insel, und ich bin von Wasser umzingelt! War extrem unerfreut über diese Auswahl des Urlaubsorts, habe mich aber dadurch bestechen lassen, dass ich abends ins Hotelbett durfte.

*Montag, 10. Urlaubstag:*

Erleichterung – wir verlassen dieses von feuchtem Nass umspülte Eiland. Auf dem Rückweg nach Hause in einer Gaststätte Halt gemacht. Die lag auch an diesem doofen Fluss, aber immerhin in halbwegs sicherer Entfernung. Habe trotzdem mal so getan, als sei ich durch die Nähe des Wassers sehr beunruhigt, was mir immerhin einen Teil von Frauchens und Herrchens Mittagessen beschert hat. Habe Hähnchen und ein Stück Brot abstauben können – wenigstens kulinarisch war dieser Urlaub kein völliger Reinfall.

Abends Ankunft zu Hause. Frau Kratzbürste ist beleidigt und würdigt uns keines Blicks. Ich persönlich finde das einen paradiesischen Zustand – jedenfalls hab ich so meine Ruhe auf dem Sofa und werde nicht ständig von meinem Kissen verjagt. Frauchen und Herrchen dagegen schleimen sich rund um die Uhr bei Madame ein und locken sie mit Streicheleinheiten und Leckereien, um sie wieder gnädig zu stimmen. Das verstehe, wer will. Irgendwie wissen Zweibeiner die besten Momente im Leben überhaupt nicht zu schätzen.

*Dienstag und Mittwoch, 11. und 12. Urlaubstag:*

Endlich Ruhe. Genieße chillige Stunden im Liegestuhl. Hin und wieder schieben sich ein paar Wolken vor die Sonne, die ich aber dank meiner beeindruckenden Statur und furchteinflößender Blicke zur Flucht zwinge. Habe außerdem einen neuen Freund gefunden: Nero, Kangal, sieben Monate alt, im Wald kennengelernt und ihm erst mal erklärt, wie der Hase, ehm, Mops so läuft. Cooler Typ. Außerdem ist seine Größe sehr praktisch. Falls er mich mal spontan besuchen will, kann er einfach bequem über den Gartenzaun hüpfen.

*Donnerstag, 13. Urlaubstag:*

War wohl nix mit Relaxen. Herrchen veranstaltet den ganzen Tag einen Höllenlärm. Hallo?! – Als Mopskolumnist brauche ich Ruhe, um mich kreativ voll entfalten zu können! Wie soll man denn auf gute Ideen kommen, wenn draußen permanent gehämmert wird? Außerdem habe ich zu meinem

Entsetzen feststellen müssen, dass Herrchen den ganzen Weg vor der Haustür kaputthaut. Und wie, bitteschön, soll ich jetzt an diesem doofsinnigen Teich vorbeikommen? Ehrlich, in diesem Haushalt wird auch nicht die geringste Rücksicht auf mich genommen.

Einige Stunden später: Immerhin – Herrchen hat den alten Weg offenbar nur kaputtgemacht, um einen neuen anzulegen. Schafft er aber natürlich nicht allein. Musste antreten, um ihm beim Festtrampeln der neuen Platten zu helfen. Ganz im Ernst: Manchmal frage ich mich, wie meine Zweibeiner je ohne mich klargekommen sind. Aber: Ich bin ja ein hilfsbereiter Typ, habe Herrchen natürlich unterstützt – sonst wird das hier ja nie fertig. Anschließend müde aufs Sofa gefallen. Urlaube sind anstrengend.

*Freitag, 14. Urlaubstag:*

Dachte eigentlich, hier würde jetzt endlich mal Ruhe einkehren. Aber nein, Herrchen tauscht noch mehr Platten vom Weg aus. Wurde abkommandiert, um die Arbeiten zu beaufsichtigen. Klar – habe ja auch sonst nichts zu tun. Gut, dass ich im Urlaub Mops-Tagebuch geführt habe – zum Kolumnenschreiben würde ich heute bei der vielen Arbeit ja gar nicht kommen.

Trotzdem eben ein ernstes Gespräch mit Frauchen geführt und für den Rest des Urlaubs Urlaub beantragt – und zwar ohne irgendwelche komischen Männer-Projekte im Garten und vor allem fern von seltsamen Städten, die von Wasser umzingelt sind. Sie hat versprochen, dass die nächsten Tage endlich

Ruhe einkehrt und wir es uns bis Dienstag gemütlich machen. Trost in Form von Ohrenkraulen und einer der Lachshautrollen erhalten, die meine Freundin Laura mir kürzlich schickte. Bin vorläufig zufrieden, werde allerdings aufmerksam beobachten, ob das Versprechen in den kommenden Tagen auch eingehalten wird.

Überlege, ansonsten eine entsprechende Petition einzureichen – Urlaube, in denen man arbeiten muss, verstoßen eindeutig gegen die Allgemeine Erklärung der Mopsrechte. Glücklicherweise hab ich nächste Woche Donnerstag Geburtstag. Da werden Frauchen und Herrchen sich zur Entschädigung hoffentlich was Ordentliches einfallen lassen.

Halte Sie auf dem Laufenden.

Mehr nächste Woche.

Mit mopsigen Grüßen,

Ihr Eddie

# 23. Mops-Geburtstag – vom Erwachsenwerden und der Sache mit der Vernunft

Tag auch.

Hach, ehrlich, Geburtstage sind was Feines, oder? Ich bin ja gestern vier geworden, und ich muss schon sagen: Von mir aus könnte ruhig viel öfter Geburtstag sein.

Gut, der Start war vielleicht ein wenig, naja, ohrenschädigend. Ich für meinen Teil hatte mir nämlich vorgenommen, einfach am Abend vor meinem großen Tag ganz früh schlafen zu gehen, damit mein Geburtstag möglichst schnell da ist. Kaum hatte ich die Augen geschlossen, wurde ich allerdings von etwas geweckt, das vermutlich nur ein Betrunkener noch als „Musik" bezeichnen würde – um Mitternacht nämlich fanden Herrchen und Frauchen, dass es unbedingt Zeit sei, mich zu besingen.

Naja, sie haben es ja gut gemeint, und meine Ohrenschmerzen waren auch relativ zügig wieder weg, aber dann noch das ewige Geknutsche und Gedrücke… Ehrlich, ich wollte eigentlich nur noch schlafen. Aber gut, Zweibeiner haben halt vom Feiern irgendwie ihre eigenen Vorstellungen. Abgesehen davon, hören sie eben einfach viel schlechter als wir Hunde, weshalb ich mal davon ausgehe, dass die selbst gar nicht merken, was die bei ihren sogenannten „Gesängen" für grausam schräge Töne von sich geben – als Hund muss man mit seinen

Menschen manchmal einfach eine gewisse Nachsicht üben.

Wie auch immer: Am nächsten Morgen jedenfalls schlief ich gründlich aus und wurde von kitzelnden Sonnenstrahlen auf der Nase geweckt – mein Geburtstag begrüßte mich mit einem Sonnenschein wie bestellt. Doch es kam noch besser: Gleich zum Frühstück wurde ich mit einem riesigen Wiener Würstchen beglückt, und dann gab es auch noch Geschenke. Kauknochen und einen niegelnagelneuen Quietschball. Und außerdem saß da plötzlich ein Typ auf dem Sofa, der genauso aussieht wie ich.

Ehrlich: Ich war begeistert. Ich wusste zwar nicht genau, ob der nur zu Besuch da ist oder länger bleiben will. Aber höflich, wie ich bin, hab ich mich natürlich erst mal vorgestellt. Er allerdings hüllte sich in Schweigen. Gut, dachte ich, ist vielleicht eher der schüchterne Typ, der sich erst mal ein bisschen warmschnuppern muss. Ich schnupperte also. Aber: Der roch irgendwie nach gar nix, und bewegt hat er sich auch nicht. Und dann dämmerte es mir: Obwohl er wirklich täuschend echt aussah, war der Typ tatsächlich nur aus Stoff – was zwar nicht ganz so cool ist, als wäre zu meinem Geburtstag ein echter Mops bei uns eingezogen, aber trotzdem: Meine umfangreiche Stofftier-Sammlung kann schließlich jederzeit Verstärkung gebrauchen. Und, hey: Spielen kann man mit Stofftieren schließlich auch ganz super.

Tat ich denn auch, schnappte mir den Typen und flitzte mit ihm erst mal ne Runde durchs Wohnzimmer, schüttelte ihn so richtig durch und knabberte anschließend erst mal ausgiebig an seinen Ohren. Und weil ich gerade sowieso super Laune hatte, legte ich anschließend auch noch eine Runde „Mops-Minuten“ ein – Sie wissen schon, das ist die Nummer, wo wir Möpse plötzlich wie von der Tarantel gestochen durchs ganze Haus flitzen, über Stühle, Tische und zur Not auch Menschen, und auf Außenstehende schon mal kurzzeitig den Eindruck machen können, als seien wir spontan vom Irrsinn befallen.

Frauchen betrachtete das Ganze mit einem breiten Grinsen. Irgendwie, meinte sie dann mit einem Augenzwinkern zu mir, habe sie ja gedacht, dass ich mit vier vielleicht langsam ein bisschen ruhiger und vernünftiger würde – aber daraus würde wohl nichts werden.

Vernünftiger? – Also das brachte mich dann doch zum Nachdenken. Von den Zweibeinern weiß ich ja, dass die in gewissen Altersstufen so eine Art besinnliche Krise kriegen. Gut, nicht gerade mit vier, eher vielleicht mit vierzig. Aber jedenfalls haben die da wohl so Phasen, wo sie quasi ihr gesamtes Leben nochmal gründlich überdenken.

Also überdachte ich ebenfalls. – „Vernünftiger…“ – was sollte das überhaupt heißen? Da Frauchen den Begriff irgendwie mit meiner mopsigen Raserei in Verbindung gebracht hatte, überlegte ich, ob sie vielleicht einfach der Meinung sein könnte, ich solle weniger rennen. Kam mir aber völlig absurd vor – schließlich erzählt sie sonst immer, dass Bewegung eine wichtige Sache sei (sogar bei Regen!), weshalb ich den Gedanken wieder verwarf.

Dann allerdings fielen mir doch ein paar Sachen ein, die ich in meinem Leben sogar ausgesprochen unvernünftig finde: Dass Leckerchen in einem verschlossenen Glas im Wandregal gelagert werden, zum Beispiel. Dass der Kühlschrank permanent verschlossen ist. Und überhaupt, dieses unsinnige Rationieren der Mahlzeiten. Mal im Ernst: Ihnen schreibt ja schließlich auch keiner vor, ob Sie beim Abendessen noch einen Nachschlag nehmen oder nicht, oder?

Und noch eine Menge anderer Dinge kamen mir in den Sinn, die eigentlich jedweder Logik entbehren: dass Frauchen es ablehnt, dass ich ganztägig auf ihrem Bauch liege, beispielsweise. Dass die Katze in diesem Haus noch immer viel mehr Vorrechte genießt als ich. Dass ich selbst bei Sturm und Schnee gegen meinen Willen zum Spazierengehen gezwungen werde. Dass ich noch immer keinen eigenen Mops-Liegestuhl besitze. Oder dass ich keinerlei Mitspracherecht bei der Auswahl des Fernsehprogramms oder des Urlaubsziels habe. Alles Dinge, die aus Mops-Sicht wirklich niemand auch nur annähernd als „vernünftig" bezeichnen könnte. Und ganz ehrlich: Das ist nur die Spitze des Eisbergs. Wenn ich hier wirklich alles aufzählen würde: Also, da wären Sie aber noch morgen mit dem Lesen beschäftigt.

Jedenfalls fand ich, dass Frauchen mit ihrer Einschätzung völlig richtig liegt: In meinem Leben laufen in der Tat eine ganze Menge Dinge völlig falsch, und ich bin sehr froh, dass sie das nun auch endlich eingesehen hat und offenbar der Meinung ist, dass all diese Punkte künftig dringend überarbeitet gehören.

Die Details werden wir natürlich noch besprechen müssen – am besten mache ich einfach eine Liste, damit Frauchen auch ganz genau weiß, was sie zu tun hat. Da schreibe ich dann auch gleich drauf, dass ich im nächsten Jahr bereit bin, auf das zweifelhafte Vergnügen eines Geburtstagsständchens zu verzichten. Oder dass man es vielleicht zumindest ein wenig leiser vortragen könnte – damit ich nicht frühzeitig einen Ohrenschaden davontrage. Ach ja: Und außerdem fände ich es toll, wenn ich im nächsten Jahr einen echten Hundekumpel haben könnte. Mal ernsthaft: Wo für einen Mops Platz ist, ist doch auch Platz für zwei, oder? Ich meine – so groß sind wir ja nun auch nicht. Ehrlich: Das klingt doch alles durch und durch vernünftig, oder was meinen Sie?

Mehr nächste Woche.

Mit mopsigen Grüßen,

Ihr Eddie

## *24. Freitag, der 13.*

Tag auch.

Heute ist Freitag, der 13. Und ehrlich: Mir persönlich ist das komplett schnuppe. Als Mops hab ich nicht den geringsten Schimmer, warum Zweibeiner um diesen Termin so ein Gewese machen. Für mich jedenfalls sind an diesem Tag eigentlich nur zwei Dinge relevant. 1. Freitags erscheint bekanntermaßen meine mopsige Kolumne, weshalb ich dann, wie jetzt, mit Frauchen am Computer sitze, um ihr meine neuesten Gedanken zum Weltgeschehen zu diktieren. 2. Freitags wird überall das Wochenende eingeläutet. Und, hey: Als arbeitender Mops bin ich ein großer Fan von Wochenenden. Insofern finde ich den Freitag prinzipiell mal einen klasse Tag. Und ob das nun ein 7., 10. oder 13. ist – mal im Ernst: Interessiert mich ungefähr genauso, wie wenn in Kanada ein Eichhörnchen vom Baum fällt – die Eichhörnchen mögen es mir verzeihen.

Überhaupt ist mir diese ganze Sache mit dem Aberglauben höchst suspekt. Zum Beispiel soll es ja Unglück bringen, wenn man Salz verschüttet. Also, bei uns passiert das alle Naslang. Lässt sich ja überhaupt nicht umgehen, weil Frauchen und Herrchen sonntags manchmal an dem niedrigen Tisch im Wohnzimmer frühstücken, der dusseligerweise aber immer noch nicht niedrig genug ist, als dass ich alle Teller problemlos erreichen könnte – sehr rücksichtlos, wie ich finde. Ich bin also quasi dazu gezwungen, dann und wann mit den

Vorderpfoten an den Tisch zu springen, und da ich über keinen Superhelden-Röntgenblick verfüge, sehe ich logischerweise nicht immer vorher, wo da was steht. Da kommt's schon mal vor, dass ich das Salz umschmeiße. Oder die Kaffeetassen ein wenig überschwappen. Oder ein Brötchen vom Tisch segelt (was ich übrigens sehr begrüße). Jedenfalls dürfen Sie mir glauben: Uns ist trotzdem noch nicht der Himmel auf den Kopf gefallen.

Auch diesen Brauch mit dem Schornsteinfeger kapiere ich null. Irgendwann hab ich mal einen dieser Typen bei uns in der Straße gesehen. Und dann kamen alle Kinder angerannt und haben den Finger an seiner Jacke gerieben, um was von diesem komischen schwarzen Zeug abzukriegen, das dem überall aus den Klamotten bröselt. Das soll nun wiederum angeblich Glück bringen. Glück? Hallo?! Haben Sie eine Vorstellung, was passieren würde, wenn ich zu so einem Kerl hinginge und mein Fell an dem reiben würde? Ich sag's Ihnen: Frauchen würde mich im Nullkommanix unter die Dusche stellen, um aus mir statt eines schwarzen wieder einen beigen Mops zu machen. Und wenn Sie in meinem persönlichen Mops-Duden nachschlagen würden, dann stünde da unter dem Begriff „Wasser" ganz bestimmt alles Mögliche – aber sicher kein Sterbenswörtchen von „Glück". Also, wenn Sie mich fragen, hat bei diesem Brauch einer irgendwie nicht richtig zu Ende gedacht.

Dass man nicht unter Leitern langrennen soll, finde ich da schon wesentlich einleuchtender. Allerdings nicht, weil ich der Meinung wäre, das würde einem irgendwann in Zukunft Unglück bringen. Nein, meine Bedenken sind da eher zeitnaher Natur. Ich jedenfalls hab das zwei-, dreimal ausprobiert, als Frauchen damit beschäftigt war, am Haus den Wein runterzuschneiden, und kann nur davon abraten: Ehe man sich's versieht, wird man da unter Bergen von Laub und Zweigen begraben – und was alles passieren könnte, wenn Herrchen mal wieder mit einem Farbeimer da oben steht, um die Holzfassade zu streichen, möchte ich mir lieber gar nicht ausmalen.

Überhaupt halte ich mich lieber an Tatsachen, was meine persönliche Einschätzung von anstehendem Glück oder Unglück angeht. Zum Beispiel weiß ich, dass es nichts Gutes heißen kann, wenn ich aus der Haustür komme und im Umkreis von zwei bis fünf Kilometern feuchte Regenwolken wittere. Logische Konsequenz: Ich drehe mich um und gehe wieder rein. Auch das Geräusch der Schublade, in der Frauchen diesen unsäglichen Ohrenreiniger für mich aufbewahrt, höre ich unter Hunderten raus – und falls Sie noch nicht gesehen haben sollten, wie sich ein Mops urplötzlich in Luft auflöst: Kommen Sie bei uns vorbei. Frauchen jedenfalls hat mal gesagt, sie rechne täglich damit, dass bei uns eine Truppe Wissenschaftler oder ein Kamerateam aufkreuzt, um dieses erstaunliche Naturphänomen zu dokumentieren.

Auch andere unglückbringende Ereignisse kann ich mit beeindruckender Genauigkeit vorhersehen: Zum Beispiel ist es immer ein böses Omen, wenn Frauchen oder Herrchen den Gartenschlauch abwickeln, weil dann hinterher der gesamte Garten und manchmal sogar meine (!) Terrasse pitschepatschenass ist. Höchst skeptisch werde ich auch, wenn Herrchen mich morgens weckt. Es ist nämlich schon passiert, dass er mich – man stelle sich das mal vor – irgendwohin mitnimmt, wo Frauchen *nicht* ist. In sein Friseurgeschäft, zum Beispiel. Gut, das kommt nur selten vor, und ich hab echt nix gegen den Laden, die sind da ja alle sehr nett. Und klar, Herrchen ist prinzipiell auch ein ganz cooler Typ. Trotzdem ist ein Tag ohne Frauchen völlig für den, ehm, Mops-Po, wenn Sie mich fragen, und ehrlich: Auch für Frauchen kann das ja kein Zustand sein, wenn ich nicht da bin. Also, von Herrchen geweckt werden – nicht gut. Ach ja: Und selbstverständlich bedeutet es allergrößtes Unglück, wenn ich beim Blick in den Kühlschrank feststelle, dass die Wiener Würstchen aus sind, aber das erschließt sich ja jedem von selbst.

Aber zurück zu der Sache mit dem Aberglauben. Tatsächlich gibt es da einen, dem ich mich zumindest bis zu einem gewissen Grad anschließen kann, nämlich, was die schwarzen Katzen angeht. Allerdings hat die Sache einen ganz großen Haken: Ich glaube nämlich, dass Frau Kratzbürste, mit der ich, wie Sie wissen, unter einem Dach lebe, die Regeln für diesen Mythos nicht gelesen hat. Die schreiben nämlich ganz klar vor, dass schwarze Katzen nur dann Unglück zu bringen haben, wenn sie von links kommen. Oder war es von rechts?

Wie auch immer, aus meiner persönlichen Erfahrung heraus kann ich Ihnen versichern, dass es

völlig wurst ist, ob Madame meinen Weg nun von rechts oder links kreuzt, ob sie von hinten, oben oder schräg unten kommt. Gut, feine Unterschiede gibt es: Wenn sie sich von hinten an mich ranpirscht, hat sie mit hoher Wahrscheinlichkeit vor, mir mit der Pfote eins über den Hintern zu braten, wohingegen ein Anschleichen von der Seite in der Regel darin endet, dass sie mir in meinen glücklicherweise gut gepolsterten Nacken beißt. Jedenfalls kann ich Ihnen garantieren, dass sie sich mir, aus egal welcher Richtung, noch nie genähert hat, um mir einen Gute-Nacht-Kuss auf meine Mops-Stirn zu drücken oder mich zu fragen, ob ich vielleicht was von ihrem Katzenfutter abhaben will. Was wiederum beweist, dass auch dieser Aberglaube keinen Heizer im Mindesten weiterbringt.

Sie sehen also: alles kompletter Mumpitz. Ich für meinen Teil werde mich jedenfalls auch künftig an folgende simple Grundregeln halten. 1. Wasser ist doof. 2. Katzen sowieso. 3. Regel eins und zwei gelten uneingeschränkt, völlig egal, aus welcher Richtung einer der beiden kommt. Ist doch ganz einfach, oder?

Mehr nächste Woche.

Mit mopsigen Grüßen,

*Ihr Eddie*

## *25. Natürliche Bedürfnisse oder: Gleiches Recht für alle!*

Tag auch.

Nun ist es also so weit. Nachdem schon der Frühling und der Sommer ein ganz schöner Reinfall waren, ist natürlich auch der Herbst da, bevor er eigentlich an der Reihe wäre – statt schönem Spätsommer-Wetter und gechillten Stunden auf der Terrasse, nix als strömender Regen und Kälte. Bereits mehrfach war ich deshalb in den letzten Tagen gezwungen, meinen schnittigen Mops-Körper bei wahren Wolkenbrüchen der garstigen Außenwelt auszusetzen, und ehrlich: Wir reden hier nicht nur von ein paar Tropfen, sondern von heftigen Regenstürzen, bei denen man als Mops schon nach einem zweiminütigen Aufenthalt im Garten aussieht, als hätte man gerade im Teich für den Freischwimmer geübt. Sie werden sich meine Begeisterung also ungefähr vorstellen können.

Zufällig war ich in eben dieser Woche mit Frauchen und Herrchen bei Freunden, die zwar keinen Mops, dafür aber andere tierische Mitbewohner haben. Einen Papagei, zum Beispiel. Und zwei Kaninchen. Der Papagei war irgendwie nicht besonders gesprächig und guckte mich von seinem erhöhten Ausguck eigentlich die ganze Zeit bloß skeptisch an, und auch die Kaninchen durfte ich leider nicht näher beschnuppern. Trotzdem fiel mir im Laufe des Abends Folgendes auf: Weder der Papagei, noch die Kaninchen, die im Haus ein eigenes Zimmer haben, müssen zum Verrichten irgendwelcher tierischen Bedürfnisse das Haus verlassen. Die Kaninchen haben dafür in ihrem Gehege so eine Art Innen-Toilette mit Sägespänen, und der Papagei, naja, der sah die Sache anscheinend sowieso völlig gechillt und ließ zwischendurch einfach fallen, was er gerade loswerden wollte.

Ich muss gestehen, dass ich mir bislang nicht allzu viele Gedanken darüber gemacht habe, wie wohl andere tierische Hausbewohner sich ihrer natürlichen Hinterlassenschaften entledigen. Das allerdings brachte mich zum Nachdenken. Die letzten Tage habe ich dann – bei den seltenen Gelegenheiten, wo man halbwegs trockenen Fußes durch den Wald marschieren konnte – meine Hundekumpels zu ihren Erfahrungen mit dem Thema befragt. Einer von denen teilt sich seine Zweibeiner mit einer Gruppe Meerschweinchen, ein anderer mit ein paar Wüstenrennmäusen, und ein dritter lebt mit einem Chinchilla-Pärchen und einem Hamster unter einem Dach. Und was soll ich Ihnen sagen? Nicht ein einziger dieser flauschigen Mitbewohner, erfuhr ich, wird zum Verrichten seiner körperlichen Bedürfnisse dazu gezwungen, das Haus zu verlassen – nicht bei schönem Wetter, und bei schlechtem schon gar nicht. Stimmte mich schon reichlich skeptisch.

Dann fiel mir ein, dass auch ich mein Heim mit einem weiteren Vierbeiner teile: Frau Kratzbürste. Und auch die, wurde mir bewusst, hat noch nie eine Pfote nach draußen setzen müssen, um da irgendwo im Gebüsch oder an einem Baum... – nein, wo denken Sie hin? Frau Kratzbürste hat sogar eine Art, naja, eigenes Badezimmer, könnte man sagen – einen abgetrennten Bereich unter der Treppe, wo sie in Ruhe und unbeobachtet erledigen kann, was sie eben so zu erledigen hat.

Ich fasse zusammen: Jedes, aber auch wirklich jedes Haustier darf also in aller Seelenruhe im Warmen, na, Sie wissen schon, während wir Hunde bei Sturm und Gewitter, Hagel und Schnee, Eis und Wüstenstürmen vor die Tür gejagt werden? Während unsereins sich da draußen den Hintern abfriert, dürfen alle anderen schön kuschelig drinnen bleiben, wo sie dann gemütlich ihren Po in weichen Sägespänen, Heu oder überteuerter Katzenstreu versenken? Ja, geht's noch?! Wieso stellt man denen nicht auch noch gleich feuchtes Klopapier zur Verfügung, zündet ihnen ein paar Duftkerzen an und legt ein bisschen Klaviermusik auf, damit sie's noch netter haben? Mal ganz im Ernst: Ist denn tatsächlich überhaupt noch niemandem außer mir aufgefallen, dass wir Hunde in dieser Hinsicht allen anderen Tieren gegenüber massiv benachteiligt werden?

Ehrlich, ich finde: So geht es nicht. Mein erster Gedanke war der, dass – um zumindest schon mal der Gerechtigkeit in meinem eigenen Haus Genüge zu tun – künftig selbstverständlich auch Frau Kratzbürste ihre Toilettengänge draußen erledigen sollte. Aber, Sie kennen mich: Ich bin kein Unmensch, ehm, -mops. Auch wenn Frau Kratzbürste ihrem Namen täglich alle Ehre macht und nicht müde wird, mir im Vorbeigehen mit der Pfote eins überzubraten, wünsche ich selbst ihr nicht, dass sie bei arktischen Temperaturen raus muss.

Außerdem wiegt so eine Katze ja fast nichts – und schließlich will keiner, dass die von irgendeiner Schneewehe durchs halbe Dorf gepustet wird.

Abgesehen davon ist ja mal Fakt, dass es meine persönliche Lage keinen Millimeter verbessern würde, wenn nun auch noch Madame – sonst eine reine Drinnen-Katze – permanent in meinem schönen Garten rumhängen würde. Reicht schon, dass ich im Haus ständig damit rechnen muss, von ihr angefallen zu werden, da brauche ich das nicht auch noch, wenn ich gerade dabei bin, im Gebüsch einen Igel aufzuspüren oder Frau Maus am Holzstapel „Guten Tag" zu sagen.

Die einzig logische Lösung deshalb: Ich fordere ab sofort eine Innen-Toilette für Möpse, zumindest für Tage extremer Außenwitterung. Bei Sonnenschein und milden Temperaturen bin ich auch künftig gern bereit, meinen mopsigen Bedürfnissen im Grünen nachzugehen. Aber sobald meine intimen Körperteile durch Frost und meterhohen Schnee gefährdet werden: nix da.

Wie das Ganze konkret umgesetzt wird, ist mir eigentlich relativ schnuppe – Sie wissen ja: Ich bin ein flexibler Typ. Denkbar wäre zum Beispiel, dass man mir einfach einen Apfelbaum im Wohnzimmer pflanzt – aber nicht so ein winziges Ding wie das kümmerliche Zitronenbäumchen, das Frauchen hier seit Jahren zu Tode pflegt. Nein, mein Innen-Baum sollte schon einen Stamm haben, um den man als Mops auch mal gemütlich eine Runde drehen kann. Und auch ein großes Blumenbeet rundherum fände ich sehr angenehm. Neben dem Kamin würde sich das alles garantiert super machen, aber auch vor der Terrassentür fände ich einen Apfelbaum innenarchitektonisch einen klaren Gewinn.

Alternativ wäre ich bereit, mich an so ein Ding zu gewöhnen, wie ich das bei den Kaninchen gesehen habe: eine Kiste mit Heu, besser aber mit Waldboden – schließlich sollte das Ganze möglichst authentisch wirken. Und natürlich will ich dafür auch einen abgegrenzten Bereich – fehlte noch, dass mich Frau Kratzbürste anspringt, wenn ich dringende Mops-Angelegenheiten zu erledigen habe.

Ehrlich, ich finde das einen sehr vernünftigen Vorschlag. Und nicht, dass Sie deshalb denken, ich sei ein mopsiges Weichei – mitnichten! Es geht hier nicht um nasse Pfoten, sondern ausschließlich um Gerechtigkeit. Und ums Prinzip. Und überhaupt. Also: Werde das Ganze gleich am Wochenende mit Frauchen und Herrchen besprechen. Schließlich ist Herrchen ein begnadeter Hobby-Bastler und sucht ständig nach neuen Projekten, während Frauchen – von der Sache mit dem Zitronenbaum mal abgesehen – nachweislich einen „grünen Daumen" hat. Da wäre doch die Anlage eines großräumigen Innen-Gartens im Wohnzimmer sicher ein Riesen-Spaß für die beiden, oder? Na, eben. – Ich halte Sie auf dem Laufenden.

Mehr nächste Woche.

Mit mopsigen Grüßen,

*Ihr Eddie*

## 26. Bundesdings-Wahl und die Sache mit der Würstchen-Quote

Tag auch.

Nicht dass Sie denken, ich würde hier jetzt politisch, nein. Aber mal im Ernst: Nachdem ja letztes Wochenende überall im Land diese komischen Bundesdings-Wahlen waren, bin ich echt froh, dass der ganze Krempel nun endlich vorbei ist. Ehrlich: So aus Mops-Sicht fand ich das alles einen ziemlichen Reinfall.

Schon wochenlang vorher wurde ich hier mit dem Thema dauerbeschallt. Ich hatte zwar nicht die geringste Ahnung, was diese Bundesdings-Wahlen überhaupt sein sollen und wer da überhaupt was oder wen wählt. Das Fernsehprogramm allerdings ließ mich nichts Gutes ahnen: permanent irgendwelche stinklangweiligen Sendungen, wo komische Anzugträger über öde Themen diskutierten. Da wäre mir ein netter Hundefilm echt lieber gewesen. Aber nein, die laberten da Stunden um Stunden. Ich glaub, den größten Teil dieser ganzen Fernsehabende hab ich vor lauter Langeweile glatt verschlafen. Gut, beim Stichwort Vegetarier-Tag wurde ich kurz hellhörig. Aber Frauchen isst schließlich auch nur dieses Grünzeug, hat mir trotzdem noch nie mein Hühnchen verweigert und ist überhaupt echt cool drauf. Keine Ahnung also, wieso da nun alle so eine Panik schoben.

Wie auch immer: Als es dann wirklich auf diese Bundesdings-Wahl zuging, wurde es auf einmal hochinteressant. Frauchen nämlich erklärte mir, dass wir am Sonntag in ein Wahl-Lokal gehen würden – und schon war ich Feuer und Flamme. Ich meine: Mit Frauchen und Herrchen ins Restaurant zu gehen, ist schließlich immer eine super Sache – immerhin fällt da hin und wieder auch was für mich ab. Ich hatte zwar nicht den geringsten Plan, was in so einem Wahl-Lokal wohl auf der Speisekarte stehen könnte. Aber da ja offenbar die halbe Republik vorhatte, da am Sonntag hinzupilgern, konnte die Essensauswahl so schlecht nicht sein. Dachte ich jedenfalls.

Als wir am Sonntag loszogen, wurde ich dann schon skeptisch. Wie Sie wissen, wohnen wir hier ja eher ländlich, weshalb wir normalerweise ins Auto steigen, wenn wir in ein Restaurant wollen. Und da ich in der näheren Umgebung noch nie irgendein Lokal gesehen hatte, fragte ich mich schon, wo die beiden denn plötzlich zu Fuß mit mir hin wollten.

Wirklich misstrauisch wurde ich aber, als wir ankamen. Denn: Nach einem Restaurant sah das alles überhaupt nicht aus, eher nach Schulhof. Wobei: So richtig ließ sich das nicht beurteilen, weil wir gar nicht reingingen – oder jedenfalls ich nicht. Frauchen marschierte allein in den Laden, während Herrchen und ich draußen blieben. Gut, dachte ich, vielleicht ist so ein Wahl-Lokal eher eine Art Imbiss. Vermutlich gab Frauchen da drin gerade eine Bestellung für Bratwürste und Pommes auf. Allerdings fand ich doch sehr seltsam, dass draußen noch mehr Leute rumstanden, von denen auch nicht ein einziger gerade herzhaft in einen Hamburger oder ein Wienerle biss – offenbar sehr lange

Wartezeiten in diesem Restaurant. Gar kein guter Service.

Auch Frauchen hatte anscheinend kein Glück mit der Bedienung – jedenfalls kam sie nach ein paar Minuten ohne einen einzigen Happen da raus. Dafür ging nun Herrchen rein – wie ich hoffte, um dem Kellner zu sagen, dass er endlich mal nen Zahn zulegen soll mit unserer Bestellung.

War aber auch nix. Auch Herrchen kehrte mit leeren Händen zurück. Und dann? Dann machten wir uns einfach wieder auf den Heimweg, stellen Sie sich das mal vor! Ohne irgendwas im Magen! So kannte ich Frauchen und Herrchen gar nicht. Die konnten sich doch von den Leuten in diesem komischen Restaurant nicht einfach so abspeisen lassen!

Also hab ich Frauchen gefragt, was denn da los war in diesem Laden. Und die hat mir dann alles erklärt. Dass das überhaupt kein Restaurant war. Und dass sie da nur irgendwelche Kreuzchen gemacht haben und entscheiden sollten, wer in der nächsten Zeit im Land das Sagen hat.

Also *das* musste ich nun erst mal verdauen – und das ohne ein einziges der erhofften Wiener Würstchen im Bauch. Auf dem Heimweg fing es dann auch noch an, in Strömen zu regnen. Ehrlich mal – ein totaler Reinfall, dieser Wahl-Sonntag.

Seither hab ich über diese ganze Bundesdings-Geschichte noch mal nachgedacht und ein bisschen aufmerksamer zugehört, was die da im Fernsehen zu erzählen. Und mir sind eine Menge Dinge aufgefallen, die da komplett schieflaufen. Zuallererst mal: Hunde dürfen nicht wählen! Also, das finde ich schon eine ganz schöne Unverschämtheit! Immerhin zahle ich Hundesteuer! Und eine Meinung habe ich schließlich auch, zu so ziemlich allem – echt mal, geht gar nicht.

Und dann haben die im Fernsehen noch gesagt, dass oft gar nicht so viele Leute hingehen zu diesen Wahlen. Pah – kein Wunder! Haben die sich den Service in den Wahl-Lokalen mal angeguckt? Also, wenn die da überhaupt nix anbieten als ein paar schnöde Zettel, auf denen man Kreuzchen machen muss, kann das doch nichts werden! Wenigstens eine Gulaschkanone oder eine Currywurst könnten die doch da mal springen lassen, oder? Ich gehe jede Wette ein: Da würden gleich viel mehr Leute zu dieser Bundesdings-Wahl gehen.

Mitbekommen hab ich außerdem, dass die jetzt, fast eine Woche später, alle ganz konfus sind, diese neu gewählten Politiker-Leute. Irgendwie wissen die wohl immer noch nicht, wer da jetzt künftig mit wem den Laden schmeißen soll. Ehrlich: Mich überrascht das gar nicht. Wenn die die ganze Woche über so wenig gegessen haben sollten wie in diesen Wahl-Lokalen, dann müssen die inzwischen ja völlig ausgezehrt sein. Hallo?! Wie will man denn da einen einzigen klaren Gedanken fassen? Also mir, als Mopskolumnist, kämen ohne drei Mahlzeiten täglich jedenfalls keine Ideen.

Sie sehen: In dieser Sache mit den Wahlen ist völlig der Wurm drin – kein Wunder, wenn die Zweibeiner mal wieder alles ohne vierpfotige Unterstützung angehen. Ich finde, das muss sich dringend ändern. Einige meiner Freunde haben mir ja schon vorgeschlagen, dass ich beim nächsten Mal als Mopskanzler kandidieren sollte. Aber ich glaube, das ist mir zu stressig. Schließlich bin ich schon Kolumnist und mopsiger Buchautor – und Frau Kratzbürste jagt sich schließlich auch nicht von selbst um den Kamin.

Einen Beraterposten allerdings würde ich eventuell übernehmen. Dann würde ich diesen Politiker-Leuten mal ein paar Tipps geben, wie sie den Wahl-Sonntag ein bisschen aufpeppen können, Stichwort: Würstchen-Quote. Und die ganze Fernseh-Sache im Vorfeld der Bundesdings-Wahlen ließe sich mit ein paar vernünftigen Hunde-Themen sicher auch deutlich interessanter gestalten. Zum Beispiel könnte man diese stinklangweiligen Diskussionen zwischendurch mal mit ein paar Apportier- und Suchspielen auflockern – für Zweibeiner oder Hunde, ganz wie man mag. Oder man lässt die Leute in diesen Talkshows dann und wann mal eine Frisbee durchs Studio werfen – ist doch viel spannender als dieses stundenlange Gefasel. Also, Ihr Politiker da draußen: Falls Ihr Ratschläge braucht, wie Ihr diese ganze Wahl-Klamotte ein bisschen aufmöbeln könnt – ich stehe jederzeit mit Ideen zur Verfügung.

Mehr nächste Woche.

Mit mopsigen Grüßen,

Ihr Eddie

## 27. Von den merkwürdigen Vorlieben der Zweibeiner zur kalten Jahreszeit

Tag auch.

Wissen Sie, woran ich am zuverlässigsten merke, dass es endgültig Herbst wird? – Ja, schon klar, es wird kalt, die Blätter fallen von den Bäumen und so. Meine ich aber nicht. Das eindeutigste Zeichen, dass nun endgültig die kalte Jahreszeit anbricht, ist bei uns ein anderes: dass Frauchen immer mehr Abende im Bad verbringt.

Was sie da eigentlich macht? Ehrlich, bislang hatte ich keinen Schimmer. Tatsächlich nämlich schließt Frauchen dann immer einfach die Tür hinter sich, was ich schon eine ziemliche Unverschämtheit finde. Hallo?! Schließlich bin ich ihr persönlicher Beschützer und normalerweise immer und überall mit ihr zusammen! Unter anderen Umständen würde ich also einen Mords-Mopsaufstand proben, wenn sie mich irgendwo nicht reinlässt. Aber, mal unter uns: Ich stehe Bädern insgesamt eher skeptisch gegenüber.

Wenn man es mal aufs Wesentliche reduziert, ist es doch so: Alles, aber auch wirklich alles, was in so einem Bad passiert, hat mit Wasser zu tun. Nicht nur, dass permanent Zweibeiner mit nassen Füßen da rausstapfen und dabei überall fiese Pfützen auf dem Boden hinterlassen. Nein, ich hab sogar schon gehört, dass es Hunde geben soll, die da manchmal unter die Dusche gestellt werden, stellen Sie sich das mal vor! Hey, ich hab ja auch schon schlimme Sachen erlebt. Dass meine Pfoten mit einem ekligen, nassen Lappen malträtiert wurden, nachdem wir im Wald waren, zum Beispiel. Oder dieses unsägliche Ohrenreiniger-Zeugs – das ist auch so ein Kapitel. Aber eine Komplett-Dusche? – Dieses Schicksal ist mir bislang erfreulicherweise erspart geblieben. Und da ich schwer dafür bin, dass das so bleibt, meide ich dieses Bad-Dings in der Regel. Weshalb ich bislang also stillschweigend duldete, wenn Frauchen da mal ohne mich sein wollte.

Als es nun aber wieder damit losging, dass sie immer häufiger für ein, zwei Stunden da drinnen verschwand, machte ich mir doch so meine Gedanken. Was mochte Frauchen da nur Geheimnisvolles treiben? Mal ehrlich: Da gibt es keinen Fernseher, keine Bücher, keinen Computer – und, viel wichtiger, überhaupt keinen Eddie. Was also mochte da so interessant sein?

Am Ende siegte meine Neugier: Als Frauchen vor ein paar Tagen die Tür einen Spalt offen ließ, wagte ich also einen vorsichtigen Blick hinein. Aber: weit und breit keine Spur von ihr. Also drückte ich die Tür noch ein bisschen weiter auf, so dass ich auch Waschbecken und Dusche im Blick hatte. Wieder: kein Frauchen. Schließlich entschied ich mich, doch mal reinzugehen. Und, ehrlich, wenn ich Ihnen jetzt sage, wo ich sie fand, das werden Sie vermutlich kaum glauben: *In* diesem Wannen-Dings! Mann, das irritierte mich nun völlig. Ich meine, in den seltenen Fällen, wo ich doch mal im Bad war, hab ich mich ja immer gefragt, wofür dieses komische rechteckige Teil eigentlich gut sein soll. Aber dass Frauchen da nun einfach drin rumsaß, ohne sich auch nur einen einzigen Deut zu bewegen, erschien mir wirklich völlig unlogisch.

Nun bin ich ja, wie Sie wissen, nicht mit einer Körpergröße ausgestattet, mit der man mal eben in so eine Wanne reingucken könnte. Todesmutig, wie ich nun mal bin, wagte ich also einen lässigen Sprung mit den Vorderpfoten an den Rand, um mir genauer anzuschauen, was es mit der Sache auf sich hatte. Und was sahen meine Augen? Wasser! Alles voller Wasser – von Frauchens Hals abwärts nichts als fieses Nass und komischer Schaum!

Ich sage es Ihnen ganz offen: Ich war entsetzt. Schon klar, dass Zweibeiner manchmal auf die seltsamsten Ideen kommen, ist ja hinreichend bekannt. Ich meine: Wer stellt sich schon jeden Morgen unter die Dusche und lässt sich freiwillig von oben bis unten berieseln? So was ist doch nicht mehr normal, oder? Sich allerdings bis zum Kinn ins Wasser zu setzen, kam mir nun *so* absurd vor, dass ich es noch nicht mal meinem Frauchen zutraute. Irgendjemand, davon war ich überzeugt, musste sie dazu gezwungen haben! Gegen ihren erklärten Willen!

Ich tat also, was getan werden musste: Ich schlug mächtig Alarm und bellte, so laut ich konnte, in der Hoffnung, dass Herrchen kommen würde, um Frauchen aus dieser furchtbaren Lage zu befreien. Oder um die Feuerwehr zu rufen. Oder was man sonst eben macht, wenn eine Wannen-Katastrophe eingetreten ist. Tat er aber nicht, egal, wie laut ich kläffte. Ich rannte sogar runter ins Wohnzimmer, um

Herrchen klarzumachen, dass Frauchen sich offensichtlich in einer schweren Notlage befand – aber der blieb völlig unerschrocken und rührte keinen Finger.

Also flitzte ich wieder zurück: Irgendjemand würde Frauchen schließlich retten müssen! Aufgeregt rannte ich vor der Wanne auf und ab, auf der fieberhaften Suche nach einer Lösung. Und dann fiel mir was Komisches auf: Irgendwie wirkte Frauchen überhaupt nicht, als ob sie da gegen ihren Willen festgehalten würde! Ich fand es zwar völlig unbegreiflich, aber: Tatsächlich sah sie sogar ziemlich entspannt aus, ungefähr so wie ich, wenn ich mich nach dem Abendessen mit vollem Bauch auf dem Sofa zusammenrolle. Also, das verstand ich nun wirklich gar nicht mehr.

Zur Sicherheit entschloss ich mich, die Lage im Blick zu behalten und Frauchen so lange zu bewachen, bis sie außer Gefahr war. Irgendwann, nach einer gefühlten Ewigkeit, stieg sie dann tatsächlich raus aus diesem Ding. Und, Sie werden es kaum glauben: Sie hatte noch nicht mal Schutzkleidung an! Ich hatte ja heimlich gehofft, dass Frauchen unterhalb dieses ganzen Schaum-Zeugs wenigstens einen Taucheranzug gegen die Nässe tragen würde, aber: nichts.

Ehrlich, ich war fassungslos. Und wissen Sie, was sie zu Herrchen meinte, als sie wieder im Wohnzimmer war? „Hach, so ein Bad ist doch was Schönes…“ Und das mit einem glückseligen Lächeln auf den Lippen!

Damit war alles völlig klar. So sehr ich es auch bedauere, es lässt sich nicht mehr leugnen: Mein Frauchen ist offenbar zurzeit nicht völlig zurechnungsfähig. Natürlich hatte ich größte Befürchtungen, welche Auswirkungen auf unser alltägliches Leben das wohl nach sich ziehen könnte, aber: Außerhalb des Badezimmers scheint Frauchen weiterhin derselbe Mensch zu sein. Ich gehe deshalb davon aus, dass es sich um eine vorübergehende Form der Verrücktheit handelt, die ausschließlich zur kalten Jahreszeit auftritt und offensichtlich die natürliche Abneigung gegen Wasser völlig aushebelt. Möglicherweise ist angesichts der aktuellen Kälte einfach der dafür zuständige Teil von Frauchens Gehirn eingefroren. Hoffen wir das Beste. Wenn ich Glück habe, sind hier im Frühling wieder alle normal – jedenfalls, soweit man das von Zweibeinern im Allgemeinen behaupten kann.

Mehr nächste Woche.

Mit mopsigen Grüßen,

*Ihr Eddie*

## 28. Stimmungslage: Motz-Mops!

Tag auch.

Kennen Sie das? Es gibt so Wochen, die sind einfach komplett verkorkst, oder? Diese Woche jedenfalls läuft bei mir schief, was schieflaufen kann.

Schon am Dienstag ging's los: Vormittags hatte ich ausgiebig erst auf einem frischen Apfel aus dem Garten und dann auf meinem Kauknochen rumgekaut. Und als ich Frauchen ein paar Stunden später beim Bällchenspielen fröhlich angrinste, guckte die auf einmal ganz erstaunt. Dann pörkelte sie eine Weile an meinem Mund rum, was ich eh überhaupt nicht leiden kann. Immer diese unsägliche Fummelei an Gesicht, Ohren und Pfoten – was Zweibeiner daran bloß so toll finden... Jedenfalls stellte Frauchen dann doch allen Ernstes fest, dass einer meiner Schneidezähne futsch war.

Hallo?! Mein schöner Schneidezahn – einfach weg? Also das verstand ich nun gar nicht – und Frauchen auch nicht. Erst neulich hatte der Tierarzt mir nämlich in den Mund geguckt, und da war alles in bester Ordnung. Wieso also geht der dann bitteschön einfach so flöten, dieser doofe Zahn? Fand ich überhaupt nicht gut – schließlich achtet man als gestandener Mops-Mann auf sein Äußeres.

Aber nutzte ja alles nix. Ich hab dann zwar noch geguckt, ob ich meinen Zahn vielleicht irgendwo finde. Vielleicht konnte man den ja wieder ankleben? Frauchen hat mir dann aber erklärt, dass daraus wohl nichts werden würde – also hab ich mir dann das Weitersuchen gespart. Trotzdem: Möchte mal wissen, wo der hin ist. Bestimmt waren das diese komischen Äpfel, an denen ich in den letzten Tagen rumgeknabbert hab. Und da behaupten sämtliche Zweibeiner, dass die Dinger gesund seien? – Pah, alles frei erfunden, wenn Sie mich fragen.

Naja, Frauchen meinte dann, dass es unter Umständen ein sehr, sehr alter Milchzahn gewesen sein könnte, weshalb ich jetzt schwer hoffe, dass da vielleicht bald ein neuer nachwächst. Spätestens morgen müsste der doch da sein, oder was meinen Sie? Ich warte jedenfalls mit Spannung.

Wie auch immer. Am Mittwoch hatte sich meine Laune gerade halbwegs erholt, als mein Magen anfing rumzuzicken. Schon aufs Abendessen hatte ich keine Lust, und das Frühstück am nächsten Morgen ließ ich auch stehen. Jedenfalls hab ich mir jetzt mal wieder so eine nervige Magenentzündung eingefangen. Hatte ich schon mal – weil ich so ein paar blöde Allergien habe, wegen denen ich sowieso überhaupt *nie* essen darf, was ich will.

Ehrlich mal: Das hätte ich nun nicht auch noch gebraucht. Jetzt gibt es wieder wochenlang nur fade Schonkost. Pfff – wer dieses idiotische Kranksein überhaupt erfunden hat... Nebenbei: Ich hab bei der Sache ja wiederum die Äpfel im Verdacht, weshalb ich beschlossen habe, künftig dieses ganze Grünzeug zu meiden – muss ich jetzt nur noch Frauchen verklickern. Aber, hey: Wozu ist die schließlich Vegetarierin, oder? Na, eben. Soll sie doch ihren komischen Grünkram selber essen.

Jedenfalls: Als ob das alles nicht schon genug wäre, um einem als Mops gründlich die Laune zu vermiesen, haben diese Wetterpropheten nun auch noch angekündigt, dass jetzt im Land der Winter einziehen soll – Anfang Oktober, das muss man sich mal vorstellen. Hallo?! Schon der Frühling war ja bekanntlich komplett für den Eimer, und im Sommer hat's hier bei uns gefühlte 99 Prozent der Zeit geregnet. Da ist es doch wohl mein gutes Recht, dass ich gewisse Ansprüche an den Herbst stelle, oder? Ehrlich gesagt, hatte ich mir zur Entschädigung für die Wetter-Kapriolen der letzten Monate mehr so eine Art „goldenen" Oktober vorgestellt, mit sonnigen Temperaturen und entspannten Stunden auf meiner Terrasse. Und stattdessen soll ich hier jetzt demnächst schon wieder schultertief durch Schnee waten? Echt mal, da hört sich doch alles auf.

Eben hat Frauchen dann noch angekündigt, dass wir heute Nachmittag zum Tierarzt fahren. Ganz im Ernst: Ich hab die Nase voll von dieser Woche. Krank *und* kalt geht überhaupt nicht, finde ich. Habe deshalb beschlossen, mir – sobald ich wieder hier bin – eine gemütliche Bettdecken-Höhle auf dem Sofa vorm Kamin zu bauen, meine Nase möglichst tief in irgendein Kissen zu vergraben und die nächsten zwei bis drei Tage so gründlich wie möglich zu verpennen. Pfff – die sollen mir doch gestohlen bleiben mit ihrem blöden Winter. Und was diese Magen-Geschichte angeht: Die schlaf ich einfach weg.

Mehr nächste Woche.

Mit mopsigen Grüßen,

*Ihr Eddie*

# 29. Von Möpsen und kleinen Menschen

Tag auch.

Wissen Sie, bislang war ich Kindern gegenüber irgendwie skeptisch eingestellt. Nein, nicht dass Sie denken, ich hätte was gegen diese kleinen Menschen. Aber wie Sie vermutlich mitbekommen haben, haben Frauchen und Herrchen keine Kinder, und auch im Freundeskreis meiner Zweibeiner scheint der Drang zur Fortpflanzung nicht besonders ausgeprägt zu sein. Will heißen: Kinder waren für mich bislang unerforschtes Terrain, sozusagen ein großes, unbekanntes Mysterium.

Klar, gesehen hab ich schon öfter welche, schließlich leben wir hier ja nicht auf einer Insel im Nirgendwo. Auch in meiner Nachbarschaft wohnt gleich ein ganzer Haufen davon, und die habe ich mir – aus sicherer Distanz von meiner erhöhten Veranda aus – im Sommer öfter mal angeschaut. Und ich muss schon sagen: Was ich da sah, fand ich doch sehr verwirrend.

Nehmen wir zum Beispiel mal die Verständigung dieser Mini-Zweibeiner. Wie Sie wissen, verstehen Frauchen und ich einander hervorragend – sonst könnte ich ihr ja schließlich nicht jede Woche meine mopsige Kolumne diktieren. Hingegen kam mir der Wortschatz mancher Kinder in meiner direkten Umgebung bislang doch sehr ungewöhnlich vor, und ich muss zugeben, dass sich mir die tiefere Bedeutung von Worten wie „dadada“, „baba“ oder „bubu“ noch nicht so recht erschlossen hat.

Auch die Fortbewegungs-Methoden dieser kleinen Menschen fand ich eher schwer einzuordnen: Einige von denen sind zum Beispiel ausschließlich auf allen Vieren unterwegs, manche auf zwei Beinen oder auf seltsamen, drei- bis vierrädrigen Fahrzeugen. Andere wiederum, die ganz Kleinen, scheinen ausschließlich ihre Mütter oder Väter als Fortbewegungsmittel zu nutzen, was mir alles irritierend vorkam.

Nun habe ich allerdings in meiner unmittelbaren Nachbarschaft einen kleinen Jungen, nennen wir ihn mal Anton. Anton war bis vor kurzem auch ein Vierbeiner, ist inzwischen aber mehr oder minder dauerhaft zum Zweibein-Gang übergegangen. Im selben Zug hat er offenbar beschlossen, dass einsilbige Wörter irgendwie öde sind, und sich entschieden, nun doch häufiger längere Ausdrücke zu verwenden, die man als Mops auch verstehen kann. Und was höre ich also, als ich kürzlich durch meinen Garten pilgere: ein klares und deutliches „Eddie".

Also ehrlich, da war ich schon baff. Man muss dazu sagen, dass Antons Kenntnisse von längeren Wörtern immer noch recht begrenzt sind und sich bislang hauptsächlich auf Begriffe wie „Auto", „Papa" oder „Mama" beschränkten. Dass also nun mein Name offenbar zu den ersten verständlichen Wörtern zählte, die Anton sich zu verwenden entschlossen hatte, fand ich ziemlich beeindruckend. Ich gebe es zu: Ich fühlte mich sogar ein wenig geehrt.

Fortan also beschloss ich, den kleinen Mann genauer im Blick zu behalten. Und wie ich feststellte, war unser Interesse gegenseitig. Sobald mich Anton in den nächsten Wochen nämlich auf der Terrasse sah, stieß er wahlweise ein beeindrucktes „Wuffwuff“ oder ein fröhliches „Eddie“ aus – womit er schon zwei der wichtigsten Begriffe aus meinem Wortschatz beherrschte. Ich muss sagen: Der Junge erschien mir immer vielversprechender.

Neulich dann kamen Herrchen und ich von einem Spaziergang zurück, als Anton mit seiner Mama in der Einfahrt spielte. Nun hatte ich Anton ja bislang nur über den Gartenzaun hinweg beäugt, weshalb ich mich ihm mit Vorsicht näherte. Immerhin besitze ich, wenn schon nicht mit kleinen Zweibeinern, doch Erfahrung mit Hundekindern, die einem als Mops gern an den Flauschohren zerren oder einen in die Pfoten beißen, weshalb es mir vernünftig erschien, auch bei Anton auf der Hut zu sein.

Jedoch: Anton schien nicht nur sprachlich ein pfiffiges Kerlchen, nein, er erwies sich auch als ausgesprochen höflicher Zeitgenosse. Auch seine Annäherung fand langsam und bedacht statt, und als Herrchen ihm erklärte, dass er mich erst mal an seiner Hand schnuppern lassen sollte, streckte er mir ganz zaghaft seine kleinen Finger entgegen. Wirklich, sehr nett, der Anton. Erst als ich ihn ausgiebig beschnüffelt hatte, wagte Anton einen weiteren Vorstoß, legte mir vorsichtig die Hand auf den Kopf und streichelte mich dann sehr behutsam. Ehrlich: Schon in dem Moment hatte ich ihn ins Herz geschlossen. Doch es kam noch besser: Herrchen nämlich hat immer ein paar Leckerchen für mich in der Hosentasche – und irgendwie landete eins davon in Antons Hand. Sympathisch, wie er ist, hätte ich das Anton auch glatt überlassen – aber der kleine

Mann machte doch tatsächlich ganz lieb die Hand auf und streckte mir ein Stück Würstchen entgegen, das ich – natürlich ebenso vorsichtig – nahm.

Seither sind Anton und ich Freunde. Gut, an seinem Wortschatz muss er noch ein bisschen feilen, aber, hey: Das tut unserer Freundschaft keinen Abbruch, und die wichtigsten Wörter kennt er ja schon. Klasse finde ich auch, dass Anton genauso gern draußen spielt wie ich und offenbar meine Leidenschaft für Naturforschung teilt. Außerdem bin ich überzeugt, dass er genauso auf Eis und Würstchen steht wie ich. Und meine Leckerchen, also, die würde ich jederzeit mit Anton teilen.

Nur wachsen könnte er noch ein bisschen, wenn Sie mich fragen. Frauchen hat mir nämlich erzählt, dass diese kleinen Menschen nicht besonders standfest sind, weshalb sie meinte, dass ich Anton auf keinen Fall anspringen darf. Mach ich natürlich auch nicht. Schließlich muss man zu seinen Freunden ja immer nett sein. Ein wenig höher darf er also noch werden, der Anton, aber Frauchen hat mir erklärt, sie sei da optimistisch, weil Menschen-Kinder deutlich länger fürs Wachsen bräuchten als kleine Hunde.

Also: Einer jahrelangen Freundschaft zwischen Anton und mir steht nichts mehr im Weg. Und hey, ich finde: Kinder sind schon ein ganz schön cooler Haufen.

Mehr nächste Woche.

Mit mopsigen Grüßen,

*Ihr Eddie*

Tag auch.

Erinnern Sie sich noch, dass ich mich in einer meiner Kolumnen mal über diese unsägliche Putzerei aufregte? Über schwappende Eimer, lärmige Staubsauger und diesen ganzen nervigen Kram? – Okay, hier kommt es, mein Geständnis, schonungslos und offen: Ich habe bislang im Tal der Ahnungslosen gelebt. Ich hatte ja absolut keinen Schimmer. Ganz ehrlich: Verglichen mit dem, was ich hier diese Woche durchgemacht habe, hätte ich ein paar nasse Wischmopps als geradezu paradiesisch empfunden... Aber der Reihe nach.

Es begann alles am letzten Wochenende. Mein Herrchen ist ja begeisterter Heimwerker und widmet sich in seiner Freizeit gern der einen oder anderen Bastelei. Bislang fand ich das keine schlechte Sache, weil dabei nicht selten auch was für mich rausspringt: zum Beispiel mein selbstgebautes, extrem schickes Mops-Bett.

Diesmal allerdings hatte Herrchen andere Pläne. Mit prüfendem Blick stand er im Wohnzimmer, betrachtete die Wände und die Decke, kratzte sich das Kinn und verkündete dann, dass es dringend Zeit sei, zu renovieren. – So, so. Nun bin ich ja ein extrem gechillter Typ. Ich hatte zwar nicht die geringste Ahnung, was dieses „Renovieren“ wohl zu bedeuten haben könnte, aber ich sah das ganz entspannt – zumal es auch wirklich gut anfing: mit einem Besuch im Baumarkt nämlich.

Wissen Sie, ich schätze Baumärkte wirklich sehr. Besonders gefällt mir die Abteilung, wo es überall nach Wald riecht, auch wenn ich sehr bedauerlich finde, dass Frauchen mir von Anfang an verboten hat, dort irgendwo mein Bein zu heben. Aber gut, man kann nicht alles haben. Diesmal ließen wir die Holz-Ecke sowieso aus, und Herrchen und Frauchen packten stattdessen mehrere Eimer, Pinsel und sonstigen Krempel in den Einkaufswagen. Auch gut. Ich für meinen Teil war im Geiste ohnehin schon in der Abteilung, die die beste überhaupt am Baumarkt ist: am Bratwurststand davor, dem Herrchen und ich grundsätzlich zum Abschluss einen Besuch abstatten.

Als wir nach Hause zurückkehrten, war ich rundum gut drauf. Mit mehreren Pommes und einem Zipfel Wurst im Bauch, entschied ich mich, erst mal einen kleinen Verdauungsschlaf in meinem Körbchen im Schlafzimmer zu halten. Tat ich denn auch. Und wachte rund zwei Stunden später erholt und bester Laune auf. Mit einem breiten Mops-Grinsen im Gesicht, hoppelte ich also die Treppe runter, um im Wohnzimmer nachzuschauen, was der Rest des Rudels so trieb.

Jedoch: Es gab kein Wohnzimmer mehr. Jedenfalls keins, das noch als solches zu erkennen gewesen wäre. Mal ganz im Ernst: Wäre ich von draußen gekommen, ich hätte gedacht, ich muss mich in der Tür geirrt haben. *Mein* Sofa – verschwunden! Und: Auch mein Zweitsofa vor dem Kamin, auf dem ich sonst an kühlen Herbstabenden gern eine Runde vor dem warmen Feuer chille – weg! Und überhaupt stand in dem ganzen Laden nichts mehr, wo es hingehörte – und falls doch, dann überdeckt mit so einer fiesen, knittrigen Plastikfolie! Hallo!? Sollte das jetzt der neue Einrichtungsstil sein, oder was?

Und dann der Geruch von diesem fiesen Zeug, das Frauchen und Herrchen da an die Wand pinselten! Eine Zumutung für jede Hundenase, sag ich Ihnen! Ich meine: Schon bei diesen Putzmitteln hab ich mich ja immer gefragt, ob deren Hersteller, so wie das Zeug riecht, wohl an chronischem Schnupfen leiden! Aber das war ja noch nichts gegen den pestartigen Gestank, den dieser Farbkrempel verbreitete – ehrlich, so was konnte doch kein geistig gesunder Zweibeiner freiwillig in seinem Haus benutzen!

Entsetzt entschied ich mich also, Frauchen und Herrchen die Meinung zu geigen. Ich meine: Wo gibt's denn so was? Erst meine Sofas entführen und dann noch alles mit diesem stinkigen Zeug anmalen? Ging gar nicht. Also baute ich mich demonstrativ breitschultrig neben Frauchen auf, um ihr mal Bescheid zu bellen. Und wissen Sie, was passierte? Erst trampelte ich in so ein belämmertes Ding voller Farbe, und dann tropfte Frauchen auch noch was davon von ihrem Pinsel, als sie sich zu mir umdrehte! Und wohin? Genau: mir mitten auf den Kopf.

Also, ich war bedient. Zu Tode beleidigt, entfernte ich mich vom Geschehen, fest entschlossen, keine Pfote mehr in dieses stinkige Chaos zu setzen. Jedoch: Ich kam nicht weit. Kaum hatte ich den Fuß über die Schwelle zur Küche gesetzt, als Frauchen mich auch schon kaschte. Und als hätte ich noch nicht genug mitgemacht an diesem unseligen Nachmittag, schnappte sie sich auch noch einen feuchten Lappen und versuchte, dieses Farb-Zeugs von meinem Kopf und der Pfote zu kriegen. Und was war? – Nix war! Das blödsinnige Zeug wollte einfach nicht aus meinem Fell gehen. Super. Zu allem Überfluss zückte Frauchen also auch noch die Schere und schnippelte mir mehrere meiner gloriosen Haare vom Kopf! Und meine Pfote? – Tja, die bleibt jetzt vermutlich weiß bis zum Sankt-Nimmerleinstag.

Zum krönenden Abschluss pflanzte Frauchen mir dann auch noch so eine selbstgebastelte Zeitungs-Haube auf den Kopf, so dass ich endgültig aussah wie ein kompletter Vollidiot. Und wenn nun ausgerechnet in dieser Minute meine Mops-Traumfrau Miley um die Ecke gebogen wäre und mich in dem Aufzug gesehen hätte? Nicht auszudenken! Frau Kratzbürste, die natürlich kein doofsinniges Hütchen tragen musste, weil sie ja immer *so* elegant um irgendwelche Farbeimer-Hindernisse rumläuft (pfff), lachte sich jedenfalls scheckig. Ich hab dieses dusselige Zeitungs-Hütchen dann umgehend zu Kleinholz zerlegt. Und für den Rest des Tages kein Wort mehr mit Frauchen und Herrchen gesprochen.

Immerhin: Inzwischen sieht das Wohnzimmer wieder halbwegs aus wie vorher. An meiner Pfote allerdings klebt immer noch diese blöde Farbe – nur gut, dass Herrchen und Frauchen den Laden nicht pink gestrichen haben. Und ob es in unserem Wohnzimmer je wieder riechen wird wie früher – man weiß es nicht.

Auch sonst war diese ganze Renovierung ein einziger Reinfall, wenn Sie mich fragen. Mag sein, dass die Wände jetzt ein bisschen heller sind als vorher. Aber wenn hier schon alles rundum erneuert wird: Wieso, bitteschön, hat eigentlich auf meine Wünsche wieder mal kein Mensch Rücksicht genommen? Beispielsweise hatte ich schon vor Monaten angeregt, dass endlich die Türen von den Küchenschränken verschwinden, damit ich mich selbst bedienen kann, wenn ich Hunger habe. Aber nein, die hängen natürlich immer noch, wo sie waren. Auch die von mir geforderte Absenkung sämtlicher Esstische im Haus auf ein mopsfreundliches Niveau steht immer noch aus. Und was den Indoor-Garten angeht, den ich kürzlich beantragt habe – fragen Sie erst gar nicht.

Ehrlich, es ist schon schockierend zu sehen, wie dickköpfig sich Zweibeiner immer wieder selbst den klügsten Mops-Argumentationen entgegenstellen. Je länger ich mit meinen Menschen zusammenlebe, desto mehr beschleicht mich das Gefühl, dass es ein lebenslanges Projekt sein wird, sie richtig zu erziehen. Sie sehen also: Die Arbeit wird mir hier auch künftig nicht ausgehen. Ich halte Sie auf dem Laufenden.

Mehr nächste Woche.

Mit mopsigen Grüßen,

Ihr Eddie

**Mehr von Eddie:**

Weitere 30 Abenteuer mit Eddie gibt es im ersten Band seiner Kolumnen-Sammlung:
„Die Mops Monologe – 30 lustige Kolumnen mit Eddie, dem Mops“
Als Taschenbuch bei Amazon, als E-Book auf allen großen Online-Buchportalen erhältlich.

**Eddies Abenteuer gehen weiter:**

„Eddie's Weekly – hundsgemein(t)e Mopskolumnen“ finden Sie wöchentlich neu auf
www.gerritjekrieger.jimdo.com

**Besuchen Sie Eddie auch auf Facebook und Twitter:**

www.facebook.com/EddiesWeekly.Mopskolumnen
www.twitter.com/EddieMops

4512976R00097

Printed in Germany
by Amazon Distribution
GmbH, Leipzig